JIAOYI RENSHENG

教艺人生

罗家成◎著

黑龙江教育出版社

图书在版编目（ＣＩＰ）数据

　　教艺人生 / 罗家成著. -- 哈尔滨：黑龙江教育出版社, 2021.5

　　ISBN 978-7-5709-2292-5

　　Ⅰ. ①教… Ⅱ. ①罗… Ⅲ. ①教育工作－文集 Ⅳ. ①G4-53

　　中国版本图书馆 CIP 数据核字(2021)第 087308 号

教 艺 人 生
Jiaoyi rensheng
罗家成　著

责任编辑	徐永进
封面设计	文　玲
责任校对	张铁男
出版发行	黑龙江教育出版社
	（哈尔滨市道里区群力第六大道 1313 号）
印　　刷	四川科德彩色数码科技有限公司
开　　本	880 毫米×1230 毫米　1/32
印　　张	10.5
字　　数	260 千
版　　次	2021 年 5 月第 1 版
印　　次	2021 年 5 月第 1 次印刷
书　　号	ISBN 978-7-5709-2292-5　　**定　价**　58.00 元

黑龙江教育出版社网址：www.hljep.com.cn

如需订购图书，请与我社发行中心联系。联系电话：0451－82533097　　82534665

如有印装质量问题，影响阅读，请与我公司联系调换。联系电话：028-85125718

如发现盗版图书，请向我社举报。举报电话：0451－82533087

序 一

"尘封美酒异飘香，耐人寻味值品尝。"家成老师的《教艺人生》正如他写的诗歌一样耐人寻味。当我们用心去触摸家成老师这些鲜活的文字，相信每位读者的内心都会充盈着感动，都会被文字所牵引，为教书人的真诚、善良、美好所折服。《教艺人生》每一佳作都闪耀着罗家成老师教学生涯的光辉历程；而每一篇心得，都折射出教书人为教好书育好人而努力的初衷。《教艺人生》为我们呈现了一个全心全意为教育、踏踏实实为学生，且学识渊博，有着工匠精神的人民教师形象。

家成老师从教生涯不乏省、州、县各种荣誉，尤其是临近退休还获得州级优秀班主任、省级论文二等奖；他是黔东南作家协会会员，兼任黔东南州文联诗词家协会理事，麻江县书法协会理事，麻江县文联老年诗书画摄影家协会副主席等要职，不难看出他是一位兢兢业业、努力工作、爱生如子、勤于创作、笔耕不辍的人民教师，他燃尽自己，想方设法为别人取暖，他是"清贫"教师中的"富裕"者。

"操千曲而后晓声，观千剑而后识器。"古往今来，多少文人墨客无一不从自己闲暇时候的练笔树立起自己的文学大纛。屈子的楚辞风，朱自清用白话文写出的典雅散文，凡此种种，不胜枚举。家成老师的《教艺人生》将自己走上工作岗位到临近退休整整41年教学生涯中的经历、心得、感悟、研究成果、教学论文、教学设计、教学案例、经验交流、诗歌等板块罗列出来，将自己毕生对教育的奉献与情怀收入其中，文采不乏名师大家风范，见地独特。"圣人酿造后人享，留得古韵校园芳。"此书就像家成老师的赋诗中描述的一样，《教艺人生》给热爱教育教学的后来者一个很好的学习借鉴平台。

麻江县教育和科技局副局长：刘志勋

2021年3月

序 二

古往今来，书前有序，大凡作序者均是名人，饱学方家为之。而我非名家，亦非方家，深知要写好一篇序，钩玄提要，畅论评鉴，诚非易事。承蒙家成老师的错爱，就贸然地答应下来，忖思，这粗言俚语，曷敢称序。

拜读《教艺人生》颇感惊服，可见作者不是一朝一夕之所为，亦不是众人修文的巨著，而是作者在从教工作中耕耘之汇集。其从教经历、教育论文、教学设计、心得讲话、文艺作品，再现了家成老师四十余年教学生涯的点点滴滴，淳朴的语言讲述了一个普通农家子弟如何努力去圆从教美梦、如何笃志履行教育职责。

我因工作需要到坝芒中学担任校长，有幸得以与家成老师相识共事。其为人也，心地善良，秉性耿直，直言快语，因此或遭人误解，或惹人不快，虽才华横溢，工作勤勉，却难得重用。然而他对此不屑一顾，泰然处之，倾心于教育教学，长期担任班主任工作，以自己渊博的学识，独到的见解，深入浅出的表达，以及对学生严父慈母般的关爱，教学成绩斐然，赢得了历届学生和家长的好评。其为文也，无论书法文学，手中笔从未辍闲，所见所闻所历，凡有所得，即成词赋诗歌。其盛赞人情风物，文采斐然，颇有唐宋诗人风采。麻江县文联老年诗书画摄影家协会副主席，麻江县书法家协会理事，州文联诗词

家协会理事等诸多社会任职，还是州作家协会会员，是对其文艺水平最好的印证。

今其将于退休之际，建党百年之时日，汇编教学生涯感悟心得，告慰自己四十余年教坛耕耘之辛劳，诠释自己教育教学之理念，可喜可贺。本人才疏学浅，勉为其序，仅简叙其人其事，窥豹一斑。文如其人，《教艺人生》之于教育教学的参考启示，留给读者诸君细读品悟。

原坝芒中学校长：杨秀兴

2021年3月15日

前　言

　　光阴荏苒，日月如梭。转瞬间，蓦然回首本人从教已有四十多年了。四十多年来我历经笔架、基东、龙山、宣威、坝芒六所学校，由小学到中学，由学校领导工作到班主任工作，一路走来，酸甜苦辣皆尝尽，人生坎坷难叙清。

　　不过，虽然命途多舛，但亦终守杏坛。无论是勤于学校管理，还是坚守三尺讲台，我都一如既往，无怨无悔，竭尽所能。故而在莘莘学子给予的信件和短信中，令我感到作为一名人民教师的无上光荣和无比欣慰。

　　回顾我的从教历程，在十五年的学校领导工作中，令我感触最深的是与全体教职工以及地方百姓融为一体，亲如一家；别时依依，难舍难分。如告别笔架乃是"几支香烟表别由，香烟袅袅似离愁"；调出基东则是"挥手抹泪别，无语表别由"；欲别龙山深感"情深似海韶光短，依依惜别柳如丝"；离开宣威却是"课间操话别，师生感慨深"。在十五年的班主任工作中，又令我难以忘怀的是师生之情，使我感到非常欣慰的则是学生的感恩之心，以及他们对我的忠实评价。如有的学生称我为"罗父亲"，而有的说我只会付出，不会索取，是"超级大傻瓜"。虽然我在这几十年的教学生涯中觉得既忙碌又辛苦，但在送走一批批的学子中却是忙里偷闲，苦中作乐。因此，在教育教学工作中，我不仅兢兢业业、勤于工作，爱生如子、以生为乐，而且还常以笔墨自娱，勤于创作，笔耕不辍。并以此培养学生的阅读和写作兴趣，让学生热爱文学，从而也热爱语文学习。

故此，我在将要退休之年，欲将自己从教生涯中的雪泥鸿爪及只言片语辑录成书，权且名曰《教艺人生》。内容涵盖历程回眸、教育教学论文、教学设计、教学案例、经验交流、心得体会、有关教育教学讲话发言稿和文艺作品等。

编写此书之目的仅在于：一是诠释自己教育教学之理念，二是慰藉自己默默耕耘之辛劳，三是希能给予热爱教育教学者一丝之参考。

但由于本人一没有编书经验，二缺乏编写水平，故在名家眼里此书也许毫无价值，只不过犹如草木一般而已。然而，对那些热心于教育教学事业的有识之士来说，我想无论是下里巴人，或是阳春白雪，无不有所裨益。此外，亦盼望读者和方家多多提出批评指正为谢！

罗家成

辛丑岁孟春

目 录

历程篇

重返到母校 ·· 3

毅然上基东 ·· 10

短暂在龙山 ·· 15

受命于宣威 ·· 25

筹建新二小 ·· 31

坝中乃归宿 ·· 34

刍议篇

（一）教育教学论文选 ································· 49

实施素质教育刍议 ·································· 49

浅谈课外阅读与写作提高 ················· 52

如何去掉"寡崽"守大房的孤独 ············· 57

浅议如何引导中学生学习古典诗歌的创作 ········· 62

浅议如何激发学生课堂学习兴趣 ……………… 71

教育均衡发展研究 …………………………… 74

浅谈班级管理策略 …………………………… 79

浅谈班级管理中的"操行考核" …………… 84

爱心铸就良师 ………………………………… 89

浅谈语文教学中如何渗透法制教育 ………… 92

班级管理重在"情" ………………………… 97

层次教学，利多弊少 ……………………… 102

浅谈在班级管理中的励志教育 …………… 107

何谓光荣与可耻 …………………………… 113

（二）教学设计、教学案例选 …………………… 118

《大自然的语言》教学设计 ……………… 118

"青春期健康教育"教学设计 …………… 127

《关雎》教学案例 ………………………… 137

线上学习管理教学案例 …………………… 143

（三）心得体会选 ………………………………… 150

新班主任培训心得体会 …………………… 150

阅读"各省优秀课改经验"有感 ……… 155

国培学习结束感言 ………………………… 157

浅谈教好语文的点滴体会 ………………… 159

2015年参加培训学习心得 ……………… 164

2017年培训心得 ………………………… 169

浅谈班级管理的点滴体会及一些困惑 ……… 172

（四）总结讲话发言稿选 ·················· 175

　Ⅰ.参加会议讲话发言稿选 ·············· 175

　　在2011届九（1）班毕业座谈会上的讲话 ·········· 175

　　在2014届九（1）班毕业座谈会上的讲话 ·········· 179

　　在坝芒乡国学经典进校园诗书画大展赛活动总结会上的

　　讲话 ·· 181

　　在庆祝第三十一个教师节暨全县优秀教师表彰会上的

　　发言稿 ·· 185

　　在2017届九（4）班毕业座谈会上的讲话 ·········· 188

　　在2020届九（4）班毕业座谈会上的讲话 ·········· 191

　Ⅱ.旗下讲话稿 ·························· 194

　　缅怀先烈，立志奋发 ························ 194

　　学会挤时间学习，以优异的成绩向党的生日献礼 ····· 196

　　准备着，向五四献礼 ························ 199

　　搞好卫生，增强保健 ························ 201

　　惜时如金，努力奋斗 ························ 203

　　教师——平凡而伟大的职业 ···················· 205

　　教师——神圣的职业 ························ 208

　　只有吃得苦的人，青春才美丽 ················ 210

作品篇

（一）可行性报告（根据校领导安排由本人为学校撰写） ····· 215

　　麻江县坝芒中学关于建立高原训练基地可行性研究报告

　　······································· 215

关于申报"麻江县坝芒民族中学"可行性报告 ········· 222

（二）散文 ·· 227

 爱心铸就求知园 ································ 227

 风情古韵在，校园犹浸香 ······················ 232

 哭我的老师——罗正芳 ························· 235

 一堂别开生面的法制教育课 ···················· 241

 过多施舍乃罪过 ······························ 246

 进入国培眼界宽 ······························ 248

 读书与立志 ·································· 250

 让原生态文化——山歌，走进校园 ·············· 254

 告别的滋味 ·································· 259

（三）诗歌（包括歌词） ······················ 264

 Ⅰ.近体诗 ···································· 264

 题宣小校门建筑纪念碑 ························ 264

 题毕金良教学楼落成纪念碑 ···················· 264

 悼韦隆林老师 ································ 265

 工作调动有感（二首） ························ 265

 瓮河村家访印象 ······························ 266

 为坝中2005级八（1）班男生寝室同学勖勉 ······ 267

 应邀麻江二中作诗词讲座感赋 ·················· 267

 参加麻江县首届教职工艺术节才艺展演有感 ······ 267

 赠学子赵师丽升入高校志贺 ···················· 268

 赠学子吴兴柳升入高校志贺 ···················· 268

 赠学子罗华东升入高校志贺 ···················· 268

 赠学子章双青升入高校志贺（二首） ············ 269

 赠学子杨兵升入高校志贺 ······················ 269

赠学子罗世燕升入高校志贺 ················· 270

零八届学子来访有感 ······················ 270

猫头家访印象（三首）···················· 270

应宣小之邀参加全县第五届小学生运动会有感并书赠 ··· 271

赠学子罗世菊升入高校志贺 ················· 272

赠学子王艳升入高校志贺 ·················· 272

第二十九个教师节感怀 ···················· 272

国学经典进校园 ························ 273

赠独山一中 ·························· 273

参观桐林中学有感（二首）················· 273

观坝中第一轮中考模拟考有感（三首）········· 274

己亥暑期杂感（24首选19首）·············· 275

2017届学子来访有感 ···················· 279

Ⅱ.现代诗 ··························· 280

这一天与那一天 ······················· 280

永恒的纪念 ·························· 282

可怜的塔柏 ·························· 284

坝中晨韵 ··························· 286

Ⅲ.山歌（地方民歌）···················· 289

纪念"一二·九"七十五周年 ··············· 289

发扬"五四"精神（二首）················· 290

爱国立志歌 ·························· 290

团结友爱歌 ·························· 291

励志歌 ···························· 291

勤学歌 ···························· 292

珍惜校园好时光 ······················· 292

山窝将会出凤凰 ┄┄┄┄┄┄┄┄┄┄ 293

布依山乡大变样（山歌对唱）┄┄┄┄┄ 294

毕业歌 ┄┄┄┄┄┄┄┄┄┄┄┄┄ 295

党恩浩荡史无前 ┄┄┄┄┄┄┄┄┄┄ 296

法制教育山歌（五首）┄┄┄┄┄┄┄┄ 297

为2017级九（4）班"树雄心，立壮志，奋力拼搏战
　　中考"主题晚会而演唱 ┄┄┄┄┄┄ 299

2019年夏令营开营坝中表演的节目山歌歌词 ┄┄┄ 300

坝中校园美如画 ┄┄┄┄┄┄┄┄┄┄ 301

Ⅳ.童谣 ┄┄┄┄┄┄┄┄┄┄┄┄┄ 302

梦想（二首）┄┄┄┄┄┄┄┄┄┄┄ 302

弘扬社会主义核心价值观童谣（二首）┄┄ 303

Ⅴ.歌词 ┄┄┄┄┄┄┄┄┄┄┄┄┄ 305

放飞梦想 ┄┄┄┄┄┄┄┄┄┄┄┄ 305

寒窗苦读放飞梦想 ┄┄┄┄┄┄┄┄┄ 306

雄鹰之歌 ┄┄┄┄┄┄┄┄┄┄┄┄ 307

让梦想从这里起航 ┄┄┄┄┄┄┄┄┄ 309

让靓丽青春放飞梦想 ┄┄┄┄┄┄┄┄ 310

Ⅵ.对联 ┄┄┄┄┄┄┄┄┄┄┄┄┄ 312

为庆祝基东1988年"木老年"活动撰联 ┄┄┄┄┄ 312

新婚自拟联 ┄┄┄┄┄┄┄┄┄┄┄┄ 312

悼张崇华老师挽联 ┄┄┄┄┄┄┄┄┄ 313

为龙山中心学校九三届高小毕业生座谈会撰联 ┄┄ 313

挽龙山中心学校六（2）班杨兴友同学 ┄┄┄┄┄ 313

1994年在龙山中心学校过春节自拟联 ┄┄┄┄┄┄ 314

1994年教师节为宣威片区教师聚庆撰联 ┄┄┄┄┄ 314

1995年清明节为宣小师生祭扫烈士墓撰联 ……………… 314

1995年为宣小纪念"'抗战胜利50周年'暨'红军长征
胜利59周年'"歌咏比赛撰联 ……………… 315

悼县教研室主任郑承祚联 ……………… 315

1997年庆香港回归撰写宣小校门联 ……………… 315

1997年为宣小庆祝教师节撰联 ……………… 316

1998年教师节为杏山二小撰联 ……………… 316

2005年9月为乐坪小学校门撰联 ……………… 316

2008年春节为坝中校门撰联 ……………… 316

2011年6月12日为坝中九（1）班吃毕业酒撰联 ……… 317

悼罗发春老师挽联 ……………… 317

为坝芒中学新食堂落成使用撰联 ……………… 318

为麻江县第十一届中小学生艺术节在坝中举办撰联 … 318

参加麻江县禁毒宣传教育书法大赛自拟联 …………… 318

后 记 ……………………………………………… 319

历程篇

重返到母校

　　1976年7月，我毕业于笔架七年制学校初中部。本来是考上高中的，因为当时把年龄报大了一天而未能被录取。于是报名参加中考（中等专业学校考试），11月份被后补录取到麻江师范就读。

　　1980年7月毕业于麻江师范，同年8月被分配到母校——笔架中心学校（原校名已改）。回到母校任教是我一生最大的荣幸。那时学校安排我正好居住在当年教我的恩师罗正芳老师一家居住的木房里。这令我对当年老师的谆谆教诲仍记忆犹新，并更加激发我要步老师的后尘，立志做一名优秀的人民教师。因此，我曾在笔记本上写下一首小诗："重来母校居师址，记忆犹新育吾时。室屋今之如故日，遗憾来之未遇师。"

　　在母校任教的日子里是比较艰苦的。那时每月薪水开始才18.5元，后到23.5元，每月每人供应大米30斤（每斤3角钱）、菜油1斤（1.2元）、猪肉1斤（0.7元），自己到公社粮仓库和区政府食品站去购买。学校有土地分给每位教师自己种菜吃，并请有工友负责蒸饭，自己煮菜。那时由于伙食缺少油水，都是粗茶淡饭，有时下课后来不及煮菜或没有菜煮就用酸辣子加开水泡饭吃。因此，消耗比较大，作为年轻人的我每餐要吃2斤米才饱，没办法也只好常常跑回家去带米和杂粮（番薯、洋芋等）来填补。

在那个年月生活虽然艰苦，但是都将心思投入到教育教学工作上，对工作始终兢兢业业，任劳任怨。即使在教学设备极其落后的情况下也没有对教学丝毫放松，经常用自备煤油灯加班加点备课、批改学生作业（因那时大多地方都没有电，只是有河流的地方筑起小坝发电站，但电量有限，时间不长）。还有平时跟学生测验和期中、期末考试都是用蜡纸在钢板上刻写，然后用油印机来印出试卷。这样又费力又耗时，再说全校也只有一台油印机和两块钢板。因此有时在正常上班时间内是根本不够老师们使用的，要想及时将试卷印出来只好周末加班了。

1983年，在全县开展"两基"（基本扫除青壮年文盲，基本普及九年义务教育）验收工作时，我还与本校的金庆和老师一起开办了为期40天的夜校扫盲班。当时来自附近村寨的青壮年文盲一共40多人，学员白天忙活路，夜晚上学堂，而我们老师是白天忙教学，夜晚才培训学员。此外，学员中大多数都是女青年，那时社会治安不够好，夜晚七八点钟来上学后要到10—11点钟才回去，这样未免会遭到社会上一些不务正业的男青年在半路上调戏、施暴。为了保证学员的安全，我和金老师在晚上散学后还要护送学员到家才返回学校，这样要到12—13点才休息，这虽然很辛苦，但那时也很快乐。

就这样风里来雨里去，寒来暑往，兀兀穷年。不仅自己的教育教学质量有所提高，而且所办的扫盲班也取得了好成绩，经上级考试验收，所有学员都脱盲摘帽，脱盲率达100%。

由于本人工作踏实努力，教育教学成绩显著，因此，参加工作近四年，即1984年6月就被上级领导提任为学校教导主任职务。

自从担任学校教导主任后，我感到肩上的压力就更大了。首先是在上班、教案书写、作业批改等方面都要起好带头作用；其次是排课方面感到非常吃力，尤其是各班体育课很难以错开。因为学校只有一块操场，再说课表是用笔在纸上画出来的，全校十几个班让你画得头昏眼花。记得刚上任的那一年在新学期开学时，校长要求必须在两天之内排出新课表，并且还要按时交到学区。为了按时上交，我连续工作了一天一夜，即从头天早晨到第二天早晨，不仅午觉没睡，而且晚饭也没空煮食，一晚上也没睡觉，一直到把课表排出来后天已大亮了。于是就急匆匆步行到8公里外的宣威学区上交，才又急忙返回来上课，连早餐都没吃。现在回想起来我不知那时候是怎样挺过来的，也许是因为太年轻，有精力，并且在艰苦环境过惯了才有这样的精神吧。

那时不仅生活条件差，而且交通也闭塞，出门都是靠步行。可是生活也过得很充实，每天除了上课，改完学生作业外，还能抽出时间看看每周送来的报纸新闻或自己购买的一些课外书籍。生活上有时大家也凑钱买一些死狗肉、死牛肉、死马肉（得病死或滚坡死）等来打平伙改善生活。因为这些肉都很便宜，只是1角多1斤。虽然没有油煮，但煮熟后放点酸和胡辣子面、盐巴也照样吃得津津有味，有说有笑，其乐融融。因此，那时人也有精力，并且吃得苦。

记得有一次，学校师生蒸饭的那口大锅破了，较近的宣威市场没有卖，较远一点的麻江县城也没有卖。没办法，为了解决师生的燃眉之急，我就自告奋勇向学校提出到都匀去购买。从学校到都匀市有80多里路程，坐车有120多里，再说当时也没有公共汽车从宣威直达都匀，因此只有步行。早上天麻麻亮我就拿起一根扁担出发了，到达都匀时已是九十点钟了。于是我立即找到卖锅处选了一口直径为1.3米的大铁锅，并用绳子将扁担与锅捆好，然后到饭店买了一个馒头吃就急忙把锅扛回来了。当我来到半路叫七里冲的地方时正遇上一位本乡熟识的年轻教师，他看到我大汗淋漓的样子就想来帮我扛一截路程。可当我把锅放下让他来扛时他怎么努力也扛不上肩膀，因为这口大锅至少有80斤重，他力量还不够，所以还是我自己扛了。我扛着这口大锅来到学校已是下午四点半钟。刚放学，正好赶上蒸饭时间，于是当天就解决了师生的蒸饭问题。

那个年代虽苦，但老百姓都很重视对子女的教育，对老师非常尊敬，老师们也非常卖力。再说那时国家还没有普及九年义务教育，小学只设1—5年级。小学毕业犹如现在的中考，甚至比中考还重要。如农村哪家子女只要考取初中都要请客，把学校领导和该班班主任及科任教师都请到家中杀鸡、开鱼招待。条件好一点的家庭还邀请三亲六戚以及寨上的乡亲来作陪，一办就是十多桌，这就是请喜酒啊！因此，那时一所学校的教学质量如何，一个老师的教学水平如何，就以小学毕业班的升学率高低来评价。故而老师们都很敬业、负责，对教学工作不敢怠慢，有时还无偿为学生加班加点补课。

想起那个艰苦的岁月，我不仅要尽心尽力抓好学校教导工作和个人教学工作，还要抽出时间来自学高中课程。因为我从师范毕业参加工作的第一天起就立志要考上大学。这个梦想从初中阶段就有的，遗憾的是因为年龄填错问题没有顺利进入高中深造，故到参加工作仍怀着这个梦想。为了实现自己的梦想，我参加工作后把年龄改小了两岁，因为那时候对年龄要求很严格，不能超过25周岁，而且还必须是未婚青年。可那时考大学对于我来说简直是癞蛤蟆想吃天鹅肉，因为我没有读过高中，在中师不到两年的时间里也没有上高中的课程，现在一边工作一边自学高中课程真是比登天还难。再说自己又怕遭到别人的讽刺打击，也不敢让人发现自己在自学高中课程。此外，还有一个难以避开的事情，那就是个人婚事。因为我已是二十左右的青年了，按当时农村习俗已该结婚生子了。因此父母为自己担忧，每回家一次就会把我的婚事当一个重要话题拿来念。他们还到处打听，托亲戚朋友为我找对象。还有学校的那些中老年教师也关心我的婚事，经常过问并为我介绍对象。真是无法面对，不谈嘛又找不到理由来搪塞，谈起来嘛又怕影响自己的前途。

为了避开这些不利的干扰因素，我就千方百计地让自学高中课程之事更加隐秘了。如在校上班晚上提前时间睡觉，到两三点钟夜深人静时再起来看书学习，并用报纸加窗帘布一起遮住窗户，不让人发觉室内亮灯；放寒暑假时我就挑着米步行到离家80多里的丹寨县城姨妈家去自学。因为到那里寨上的青年就邀约不到我去看会找朋友了（那时逢年过节，尤其是正月间在农村到处都有会期看热闹，年轻人就利用这个机会邀约去唱山歌，谈情说爱找对象）。

为了能自学到高中课程，我就买了一套当时最时尚的高中《数理化自学丛书》，硬是慢慢地啃光这套自学丛书，演算的稿纸不计其数。就这样慢慢地由不懂到初懂，一步一个脚印地走下去，待工作满两年之后除英语不能自学外，高中所有的课程我都自学完了，也可以申请报名参加高考了（根据当

时的政策规定有工作的必须待参加工作满两年后才能报考）。第一年我参加高考名落孙山，除语文达到90分及格外，其他科目都不到70分，这让我大失所望。第二年没有我报考的科目，第三年也就是1984年我参加了函授高考，那年被录取了，可遗憾的是那一年我被提任为教导主任了，录取通知书被卡在教育局里不让送下来。当时和我一起考取的还有宣威中学的罗运勋老师，他到学校报道后听班主任点名我没到，于是才写信问我为什么不去报名读书。这时我才立即跑到教育局了解情况，局长对我说："你现在是学校领导不能走，因为目前学校教师人手不够，你走了我们找不到人来顶替你的工作，等以后再报考吧。"就这样我失去了上大学的机会。

然而，作为校长的副手实在是费力不讨好。因为校长有一个坏毛病，就是好酒，死吃烂醉，不记事。他让我辛辛苦苦拟定的规章奖惩制度经全校教职工大会讨论通过后却无法执行。每次都是他带头违反，况且他又是我的老师，我在笔架学校从小学三年级读到初中毕业，那时他一直都是学校的教导主任，现在我来接替他的位置，他就提升为校长了。像这样的师生关系只有他带好头我们才有奔头啊，可是却事与愿违，老师们的工作积极性都被打消了。

但不管怎么样，那时我还是一个有理想、有抱负，爱岗敬业、积极上进的青年教师。面对这样的窘境我该怎么办呢？总不能自暴自弃地堕落下去吧。

为了摆脱眼前的困境，我只好选择离开。那么要想调离本校也不是轻而易举的事情，为了达到目的我选择全区也是全县最边远落后、交通不便、被称为基东高原的基东中心学校。因为那里海拔较高，距离宣威镇市场和粮管所30多里路，买东西很不方便，许多人都怕分配到那里，在那里的老师和乡干部都千方百计找关系调出来。于是，我在1986年6月向县教育局递交了调动申请，没想到上级领导立即批准了。就这样我于1986年8月告别了工作六年的母校，毅然走上了基东。

毅然上基东

基东乡是宣威区海拔最高的一个边远落后的山区，那里山高路长，交通不便，素称"基东高原"。历年来的乡政府干部和基东中心学校公办教师都很难分配进去，可以这么说，只有没关系的人才被调到或分配到那里。然而，1986年8月28日，我收拾好行李，正式离开了我工作六年的母校，毅然登上了基东高原。

告别那天，全校教师以及该片区的一些民办教师，还有当地的一些老百姓都来为我送行。从他们的感叹声里我就知道他们对我的调动既是惋惜，又是疑惑不解。因为之前也有许多对我十分关心的好心人向我提出疑问："你为什么要调到基东去呢？难道基东学校比我们笔架好吗？""基东是好多人都不愿意去的，你为什么非要往基东走呢？"……同事们和乡亲们的许多质问令我无法说出心中的苦闷。

望着他们脸上流露出的惋惜之情和不解之情，从不吸烟的我早买上一包香烟拿出来分给大家享用，同时自己也点上一支大口大口地不停吸着，就这样头也不回地和拖行李的一辆马车向着基东高原进发了。那天我在日记本上写道："几支香烟表别由，香烟袅袅似离愁。启程话别却无语，狂吸香烟莫回头。"

到了基东中心学校，我还是教导主任，校长是该乡瓮袍小学的文崇品校长，他已年近半百了，很显然他是上级派来暂时带我的老校长。第二年6月我被提任为副校长，7月学期结束他就回到原校复位了。第三年也就是1988年7月，我被提任为校长，就这样我一直在基东干了五年，直到1991年8月才调离该校。

我在基东五年与当地百姓的相处非常融洽，逢年过节都会被他们邀请到家中做客。因此那时我对基东很有感情，就像自己的故乡一样。于是我在教师会上发出了要"立志基东，扎根基东"的誓言。1989年的国庆节我终于完成了自己的终身大事，并自拟婚联为：

"从笔架到基东，蓦然回首，叹，昔日寒窗空孤度，韶华飞逝志难酬。滥竽充数，奈何之兮，亦将微力献苍生。欣逢国庆有室，愧吾人生事无成，愧无美酒宴嘉宾。

思往事惜流光，一时瞻望，感，今朝途远当奋起，自古努力事晚成。重任负肩，苦乐其矣，愿把余生舍孺子。值此菊月完娶，为党事业书教好，为振中华育新人。"

新婚这天，当地许多百姓都来祝贺我，令我感慨万分。

不过，在基东五年我也经历了许多风风雨雨，同时我也感受到了学校教育的艰辛与成功。其中令我难忘的有以下三件大事：

第一件：制定切实可行的规章奖惩制度，并自始至终带头实行，是提高教育教学质量的基本保证。

众所周知在一个集体中始终有这三种人：一是追求进步、积极上进者，这样的人占少数；二是随波逐流者，这种人占多数；三是唯恐天下不乱者，这种人占少数。不管哪一所学校都会存在这三种人，那么作为学校领导就要千方百计鼓励第一种人，让他们起好带头作用。同时，也要千方百计调动第二种人的积极性，让他们向第一种人看齐。那么对于第三种人只有鞭策和惩罚了。因此，作为校领导，在制定规章奖惩制度时应把握好全盘，针对这三种人来制定。当然，不管怎么制定都难以达到十全十美，总有人跳出来反对、刁难，但关键是要得到大多数人的拥护，这样就可以执行下来。记得我在开始制定新的规章奖惩制度中有一条是关于对科任教师教案和批改学生作业的检查次数的规定，有一位老教师和一位年轻教师就跳出来极力反对，他们指着我说："你不要把在笔架学校的坏毛病带到我们这里来，我们学校历来都没有这项规定，你这样做不是想使大家不好过吗？"我说："难道我们当老师就不应该写教案和批改学生作业吗？"但不管我怎么说他们都不服气，始终在狡辩，其他老师也不好劝说，最后我只好叫学区领导来理论，他们受到了领导批评后才肯罢休。就这样我自始至终带头执行经全体教职工讨论通过的学校规章奖惩制度，并在每个学期都不断修改完善，努力履行。刚开始大多数老师有点不习惯，因为原先没有制度，散漫惯了。不过慢慢地大家都适应了，工作积极性提高了。因此，教育教学质量不断有所上升，从1988年到1991年这四年的小升初录取率都在60%以上，在全区14所完全小学中均名列前三名，摘掉了该校历年挂末的帽子。

第二件：带领全体教职工艰苦奋斗，用双手改变了校容校貌。

在教学质量不断得到提高后，学校也有了名气，同时也得到了当地乡村领导和百姓的大力支持，老师们也积极支持和拥护我。尤其是老教师文治龙最为关心支持我，他是该校一位德高望重的老教师，在他的带动下，无论我有什么设想和计划，或是作出什么重大决定，都得到了全体老师的拥护和赞同，根本没有谁站出来故意刁难，有的只是善意地为我提出良好的建议。学校有了这样良好的势头，于是我就计划着手改变校容校貌。

要想改变校容校貌，没有钱怎么办？我通过上请示下联系，结果所筹集到的资金都没有超过500元。无奈之下我就发动全校师生搞勤工俭学。因基东地区有大片国营杉木林场，正好在1988年至1989年县林业局到该乡来间伐林木，为此我们就抓住这个机会发动全校师生为林业局砍伐树木，所得之款均用于建设学校水泥球场。就这样全校师生在1989年秋季利用星期天上山伐木，一个星期下来为学校筹集资金800多元，再加上县教育局资助3吨水泥，还派出一架农用车来义务运沙子，这样学校仅花了1500元就打成了一块600平方米的水泥球场。

学校水泥球场修建完工后，我又组织全体师生搞校园绿化、美化。在操场三方边上植树，修建花园，并从县林业局买来笔松和塔柏栽在两栋教室门前即操场两边。每到春夏当你走进基东校园时就会看到鲜花盛开，闻到扑鼻的芳香，那操场两边的笔松亭亭玉立，翠色欲流，宛若列队整齐的哨兵。

第三件：五杉事件，令人难忘。

基东校园操场有一方（靠外一边）与马路相连，就在操场连马路的边上有五棵古杉树，历来就是学校的风景树。可是在1990年时，有两棵将要枯死了，这时村领导来跟我说要砍去做龙杆（抬棺材用的），我把这事跟老师们说，大家都不同意。后来听村里面说学校在他们村地盘应属于村里面管理，根本不在意学校同不同意，只是跟学校打声招呼而已。因此，最后他们硬是砍去了。这样一来学校与村里面的矛盾就加大了。于是，我们就把这事从乡政府一直搞到县政府，以上各级领导都认为村里面无理，说一定要尽快处理，如时任宣威区党委书记的易书记还振振有词地对我说："请相信我会马上处理的，如果我连这样的事都处理不了，我还当什么书记？"可就是迟迟不予处理。后来在第二年的春天也就是1991年3月，我作为县人大代表有幸参加了麻江县第十一届人民代表大会，在讨论汇报时我就把这件事说出来，代表们都纷纷表示对我校的支持。同时我作了一副对联大胆地念给大家听，上联是："基东校园，素立五杉，可恨二杉被劫成悬案，留得苍生论是非。"下联为："麻江县府，本有几官，无奈一官未敢来公断，竟由地虎耍威权。"从那之后，上级马上派县教育局领导来协助调查处理，最后村里把树子抬回来送给学校了，事情也就到此平息了。

可没想到的是我们竟然因祸得福，因为县教育局领导也认为该村领导太霸道，不会尊师重教，因此，就在那一年我们一下子就被调走了11个老师，有的是申请调动的，有的没写申请，我没写申请，被县教育局调到龙山中心学校当校长去了。

临走的那天，有许多老师和附近的百姓都来为我送行。当我挥手告别的时候我看到百姓们和我的同事都流泪了，我也控制不住自己，只好依依不舍地用手抹着眼泪上了拖家具货车渐行渐远了，就这样我告别了工作五年的基东中心学校。

短暂在龙山

1991年8月28日我来到龙山中心学校接任校长（原校长已调走）。这是一所比较大型的老牌中心完小，曾设有戴帽初中，有学生400多人，教职工30多人。地理位置比较居中，交通便利，西上县城有十来公里，东去区政府也只十来公里，相对基东来说条件是比较优越了。

然而，这所学校也存在着许多很棘手的问题不好处理，如学校财务从不公开，用公款吃喝没人敢说，个别教师要地头蛇无人敢惹等。由此可见，要搞好这所学校那就必须对这些问题敢查、敢管、敢说、敢干，否则，全体教职工的积极性就无法调动起来。

我到校的第一个学期主要是走访每个教职工，与他们促膝谈心，摸清情况，至于该校的各种制度和人事安排都暂时保持不变。对于那些棘手的问题，我首先杜绝学校的吃喝风，因为没有我的批准是不能报销的，谁吃、谁请客，谁就开钱。于是老师们对我就刮目相待了，有的老师竖起大拇指对我说："我们学校的吃喝风从来还没有哪位校长刹住，可你来就刹住了，大家现在开始有信心搞工作了。"可这就引起了管财务的那位老师不高兴，他是一位资格比较老的本乡本土的老教师，城府很深，思想守旧。学校的吃喝风主要就是与他有关。我的到来就成了他的克星。

因此，我们两个的关系越来越僵。一次我想了解学校的经费有多少，以及各种开支情况，可他就是不愿配合，总是推三推四地找借口。最后一次问他，他就发火对我说："你有什么资格要查我的账？"我也忍不住发火了，我说："我就是有资格查，而且查的是学校的账，不是你的账。"我们两个就吵起来，甚至还动了手。最后还是辅导站的站长来制止并给予解决。不过，站长也是站在他那一边的，虽然如此，但是理还是在我这一边。从此以后他再也不敢拒绝我查账了，并且还按照我的要求做到日清月结，期末都要有教师代表查账，并将结果公布于众。

从那以后，老师们对我的支持力度越来越大了，于是第二学期我就制定了新规，并经全体教职工会议讨论通过执行。

吃喝风刹住了，学校账务能公开了，接下来就是压住"地头蛇"，使老师们能开诚布公。因为该校有两三位本地老师脾气不好，嗜好喝酒，经常借酒放肆，大耍威风，无人敢惹，败坏校风校纪。为了改变这一不良现象，我经常捕捉时间找他们促膝谈心，交流情感，打通思想。通过我坚持不懈地与之交流，最终打通了他们的思想，让他们有所感动，变成了一个遵章守纪、爱岗敬业的好教师。即使有时他们在某些问题上会一时想不通或与个别老师过不去，也不再任意狡辩而愿意听从我的劝解。如赵某某老师在一次学校修剪校园风景树分柴时，他喝了一点酒就耍酒疯，首先占了一堆柴质比较好的并手拿一把斧子大声说道："谁敢来要我就砍谁。"大家都不敢上前，便来向我反映。于是我立即朝他走去，这时老师们都感到毛骨悚然，担心我会吃大亏。然而，当我走近他时，他不仅放下手中斧子，而且还向我道歉说："对不起，我错了，愿听从你校长的分配。"后来我特地给他做了很多次的思想工作，他才更加清醒地认识到自己的过错。

这些棘手的问题已经逐步解决了，教师们的积极性也大有提高了，接下来就是如何改变校容校貌和提高教育教学质量的问题了。

首先，我努力带领全校教师齐心协力抓教学。在这方面我主要是抓好六年级毕业班的教育教学工作，因为那时还没有普及九年义务教育，所以毕业班就是学校的打门锤。一个学校的好坏就看每年小升初的升学率是多少。为了给毕业班学生加班加点，我们实行上晚自习。但上晚自习会给学校带来巨大的压力和困难。因为都是走读生，学校没有条件给学生住校，这样下晚自习学生回家就会让人担心安全问题。为了克服这一难题，我们成立了护校队，而护校队都是义务的，不仅没有报酬，而且也很辛苦。虽然如此，但老师们都很乐意地干，没有任何怨言。尤其是秋冬时节，每当夜晚九十点钟下晚自习的时候，已是皓月当空霜满地，各路护校队老师将学生送到两三里路外的寨中后才返回，真可谓是披星戴月呀。

正因为全校老师能团结一致，心往一处想，力往一处使，所以我在任的那两年毕业班升学率都超过了60%，学校一时名声大震，周边一些乡镇的学生也慕名而来，全校学生一时增至400多人。

学校名声大起来了，不仅师生的积极性高起来了，就连当地百姓对学校的支持力度也大起来了，学校师生的文体活动在龙山乡文化站的大力支持下开展得有声有色，成了全乡的文化娱乐中心。如在1993年元旦节，我们就举行一次声势浩大的全乡书画大展赛和文艺节目比赛活动。那是大雪纷飞的寒冬腊月呀，学生们冒着严寒，还光着脚板，在铺着厚厚积雪的舞台上尽情地跳啊、唱啊，是多么的起劲呀！台下操场上站满了师生和百姓，他们踩在厚厚的积雪上，不时发出咯吱、咯吱的声音，那种热闹的场景真动人。这还不算，要是到了晚上更热闹，我们将全乡（含师生、百姓）参赛获奖的书画作品全部展出在教室门外的墙壁上，牵着电灯，让附近的百姓都来观看。书画作品参赛者最大年龄为88岁，最小年龄为6岁。操场上还放电影呢，来参观书画的人和看电影的人有老人也有小孩，有的还是全家出动。看，参观书画的人群来来往往，络绎不绝，真是门庭若市，操场上观看电影的是人山人海，人头攒动，好不热闹！

其次，我在抓校园环境建设中主要是采取勤工俭学义务劳动的方法，因为没钱只好发动全校师生动手了。在龙山中心学校不到三年的时间中，我带领全校师生抓校园环境建设主要做了以下三件事：

搬走残土山。将教室门前一堆高约1.3米，长30多米，宽约20米，近800立方米的泥土取走。为了实现这个愿望，我在全体教职工会上倡导走无钱之路，那就是要发扬愚公移山精神。没想到得到了老师们的一致赞成。于是我们就利用每天下午一节劳动课时间进行开挖泥方，除一二年级上课外，三至六年级的全体师生都一起上阵。学校负责购买撮箕，师生自备锄头，就这样大家挖的挖，运的运，每天都干得热火朝天，汗流浃背，整整花了一个学期的时间，终于把这座堵在教室门前的"大山"搬走了。此外，我们还在周围修建了花园，使学校三栋教室门前不仅宽敞明亮了许多，还比原来靓丽了许多。每当课间十分钟休息或活动课时间娱乐时，同学们都会在这里嬉戏打闹，怡然自乐，真成了同学们的乐园。

栽种油桐。为了给学校增加收入，我带领全校师生利用该校现有的10多亩学农基地栽种油桐。之前各届领导不是没想过，而是管理不善，待到油桐果实成熟的时候都被附近一些不自觉的村民偷去了。因此，师生们都丧失信心了，学校也无心再管理下去，就撂荒了，于是就成了附近百姓放牛、拴马吃草之地。现在要想重新种植油桐不难，难的是管理的问题。为了确保种植油桐的成功，让老师们重新树立信心，我向大家做出保证，制定了严格的规章管理措施，并与当地政府、村委会取得联系，争取得到他们的大力支持。

就这样我们将油桐栽种下来了，并且还在四周土边上树立了牌子，写上了告示。然而，那些村民却视而不见，待到春天长出嫩绿的小草时就依然把牛放进来。老师们看见了，谁也不敢说，只有我一个人上去劝说。记得有一天正遇上的是龙山街上一位人称"癞皮狗"的村民，他们说只要你把他说服了，其他的村民也就不会来了。我怀着无畏和好奇的心理走上前去对他说道："老乡，你为什么要把牛放进来呀？难道你不知道我们农场里栽有桐子吗？"他却得意扬扬地答道："这是我们龙山的土地，我为什么不能放牛在这里呀？"我说："你说得没错，这不光土地是你们的，就连学校都是龙山人民的。那么你认为这学校需不需要大家来共同维护和管理？如果人人都像你这样任意妄为，那你们的学校会成什么样呢？"结果他不仅服了，还向我承认了自己的过错，然后乖乖把牛牵走，还当面表示以后绝不把牛放进来了。

没想到自从这"癞皮狗"被制止以后，再也没有人敢放牛、拴马进来了。从此，老师们信心百倍，感动万分，当地一位老教师也是该校资格比较老的老师叫金贞奇，他感慨地写下了《歌预龙小对年桐》一首诗，其内容如下：

龙山小学，
学农基地在半坡，
全校师生齐动手，
对年桐种一窝窝。

幼苗出土，
娇嫩多姿，
宛如笔梢，
亭亭玉立似铜戈。
头个对年过，
刚劲桐叶阔，
风度翩翩，
胜似梭罗。

两个对年过，
枝分桐杈多，
幼桐初结，
疏疏结就不算多。

三个对年过，
枝多叶茂花满坡，
秋桐成熟一个个，
个个如宝个个乐。

书童持竿一个个，
个个抬头对桐歌，
日月如梭三年过，

谁知桐子那么多。

童子打桐子，
桐子落，
童子乐，
欢歌笑语乐其坡。
那时与君观其盛，
分享其中妙与乐，
师祝师来童乐桐，
再度吟首对桐歌。

当时我也写了一首和诗给金老师，其内容如下：

感赋本校对年桐

——致和金贞奇老师

校史悠兮，
校境优兮，
学农基地，
尚存半边坡。
得天独厚唯龙小，
勤工俭学改革多。
而今种上对年桐，
君歌预，
感慨多。

幼苗盼出土，
风霜焦易袭。
但愿吾侪苦耕耘，
亭亭玉立如君歌。

头个对年头，
犹怕风霜恶。
唯愿师生齐努力，
再耕耘，
胜似梭罗如君说。

两个对年头，
枝伸叶展，
果子疏疏结。
初见成效防夭折，
愿尔桐歌似战歌。

三个对年头，
风霜重重恶。
但愿，
枝繁叶茂花满树，
春华秋实桐满坡，
美景如君歌。

春秋荏苒三年过，
但愿，

童子打得桐子落，

童子乐，

桐歌万首伴丰歌。

绿化、美化校园。最有成效的是修建了一条长200多米的绿色长廊。龙山中心学校坐落在距离公路200多米高的山头上，从坡脚到坡顶是一大片学农基地，师生来往学校只有从中间一条蜿蜒盘旋的小径经过。如果是炎热的夏季，从下面爬到学校那可是头顶烈日无遮挡，气喘吁吁湿透衫。为了避免日晒，减少流汗，我发动师生将小径拓宽，并在两旁植上碧绿的冬青树。俗话说："栽树容易管树难。"为了确保绿化成功，我将任务分配到各班级头上，由各班师生分段负责，即包栽、包活、包管理。经过师生们的精心绿化管理，不到一年便长得郁郁葱葱，形成了一条绿色的林荫小道。每当师生们早晨上学时，举头仰望，自下而上亭亭玉立，一如两排坚守岗位的哨兵，又如两排整齐的仪仗队正在夹道欢迎远道而来的客人，令大家顿时感到心旷神怡，乐行不疲。

校园绿化、美化卓有成效，教育教学质量也与日俱增。龙山中心学校的全体教职工已形成了一个积极向上、团结奋斗的整体，同时也得到了当地党委、政府，以及村委领导和地方百姓的大力支持。在这样的大好形势下我也与龙山人民和全校师生结下了不解之缘，心想在此安居乐业，奉献此生。

然而，计划总是没有变化快，1993年7月县教育局领导找我谈话，要把我调到宣威中心学校任校长，当时我高低都不答应。一是我对龙山中心学校振兴的计划才初见成效，未酬夙愿；二是由于我爱人是民办教师还未转正，去宣威不好安排她的工作，就这样我没调成。可就在那一年的下半年我爱人通过民转公考核被正式录取转为公办教师了。这次局长直接对我说："现在你爱人转正了，你不去也得去，只给你讲做个思想准备。"那一年我在学校过年，大年三十我思绪万千，因为本来是要计划下学期的学校工作事情，可下学期我就要离开这所学校了。热心的同事们还不断向我提出许多宝贵的建议，我不知怎样去面对他们。因为调动的文件还没下来，决不能随意说出口来，只能把秘密藏于心中。所以只好把这复杂的心情用文字隐含地表露出来，于是就写成了一副春联，上联曰："从基东到龙山，志在教坛，苦中作乐，两袖清风辞旧岁。叹世间，岁月如梭，光阴屈指欲三年。"下联为："由异乡来贵地，身居此处，忙里偷闲，一腔热血育新人。憾今朝，人事难测，校园度节思万千。"

　　大年过后，即1994年2月10日县教育局就下文了。就这样我在龙山待了仅仅两年零五个多月就依依惜别了。

受命于宣威

1994年2月15日，我正式告别龙山来到宣威。离别那天有学校同事和当地百姓都来为我送行，还赠送纪念品给我。其中龙山中心学校赠送的温水壶上写着："三年时间虽短，龙山面貌更新。"这让我感到有些愧疚，毕竟我还没完成自己该做的事情。关于如何振兴龙山学校我还有许多设想和计划都还没来得及实现，就这样走了，心里挺不是滋味。

到了宣威我心依然留念龙山，待新学期工作安排就绪后我还抽时间于4月23日来与全校教职工以及我教的那个班——四（1）班学生一起话别、合影留念。在与老师们留影中我题写一首小诗曰："同甘共苦欲三春，校园兴旺赖诸师。如今正值春光好，依依惜别柳如丝。"在给予四（1）班学生留影中也题一首小诗云："相处欲三年，师生情绵绵。今朝话离别，春光满校园。好景须珍惜，人生贵少年。春光能回转，少年逝不还。黑发当勤奋，白首悔无言。愿生多努力，栋梁待明天。"此外，我还写了三首赠给金贞奇老师，其中一首为："油桐种植赖师生，幼苗出土喜如今。未见成林依依别，愿尔桐歌祝丰登。"

虽然如此，但天下没有不散的筵席。眼前只能面对现实，考虑如何把宣威中心学校振兴起来。

宣威原是区所在地，1992年1月在全县撤区设镇行政区划中改为镇，是麻江县第二大镇。显然宣威中心学校也是仅次于杏山中心学校的大型完小，有学生500多人，教职工40多人。但校舍及教育教学设施比较陈旧老化，校园环境建设相对滞后。其教育教学质量亦因制度不够合理完善等原因而有所下滑，由此可知百废待兴呀。

我到该校后第一个遇到的难题就是无人愿承担财务工作。原来的财务人员说学校没有跟他算工作量，所以不愿承担此项工作了。为此，我在第一次全体教职工会上向他承诺一定会按有关文件规定算相应的工作量，他才勉强愿意承担下去。

我这个人一向不搞"一朝天子一朝臣"的仕途之道，学校财务工作落实后，其他工作人员都基本照旧不变，这样学校各项工作便迅速地有条不紊地开展起来了。接下来我要着手抓的就是教育教学质量的提升和校园落后面貌的改变。

关于如何提高教育教学质量的问题，我首先分别找老、中、青三类教师交谈，了解学校之前的状况和他们的思想状况，然后根据他们的要求结合学校实际情况制定新的教育教学规章奖惩制度。先召开由教导主任、教研组长等组成的校行政会议，再召开全体教职工会议，然后再实行。其次是督促教导处和教研组长抓好教学常规考核和教研活动的开展。其三在教学常规检查方面我作为一校之长要身先士卒，起好模范带头作用，每次检查教案、作业批改时，我都先让检查组检查我的，然后再检查教导主任和教研组长的，最后才检查老师们的，我的教案和批改的学生作业随时都放在办公桌上任老师们随时翻看检查。其四是期末统考成绩出来时再通过各种考核统计得出的结果，该奖的就奖，该惩的就惩，坚决执行，毫不含糊。

这样一学期下来，老师们的积极性提高了，教学质量也提高了，大家都觉得有看头、有奔头。每当新学期伊始，老师们都会按时上交教学计划，从上交的计划中可看出各人有各人的奋斗目标，人人都是爱岗敬业的，人人都是勤奋守纪的。因此，宣威中心学校的教育教学质量在短短的两年中就在全镇名列前茅，在当时全县9个乡镇中也是前三名的佼佼者。

在校园环境的改造方面，我主要是从以下几方面抓起：

第一，抓好绿化、美化、净化，使校园形成一个良好的育人环境。首先，在每栋教室房屋门前修建花园，然后栽花植树，使整个校园变得靓丽起来；其次，为教职工修建了32间煤房，杜绝了校园住户乱堆乱放的现象；其三，征地修建师生公厕。因为该校原有的公厕距离教室和教师宿舍有400多米远，并且在校园坎下，还隔着一条公路。师生上厕所不仅很不方便，而且还不安全。为了改变这一现象，在学校经费非常紧张的情况下，我们咬紧牙关挤出5 000元征购了一块靠近校园约1亩的土地作为修厕和教职工菜地之用，又花了1 200元修建了120平方米的公厕。那时学校一学期的经费收入才两万多元，通过这两笔开支后学校财务已捉襟见肘了。因此，困难是很大的。虽然学校面对经费困难重重，但看到师生们不仅上厕所方便，而且整个校园环境既整洁又美丽，出现了旧貌变新颜的景象，心里都很高兴。老师们的工作积极性和学生的学习积极性出现了空前的高涨，故其教育教学质量的提高自然是与日俱增了。

第二，大力抓好校园文化建设。文化建设亦是育人环境的一个重要组成部分，这对学生的思想提高起到潜移默化的作用。文化建设我主要从两方面抓起：一是室外在校园比较显眼的位置书写一些有关做人、守纪、立志、勤奋等内容的固定标语；二是在室内进行教室装饰和文化布置，每学期进行一次评比。此外，教师办公室也要进行装饰和文化布置，如在墙上张挂教育家的教育名言和党的教育方针，以及学校的各项规章奖惩制度、作息时间、课程表等，在办公桌上布置花草盆景，要求教师将学生作业本和自己的备课本等办公用品摆放得井井有条。每日由值日教师负责搞好卫生和检查，若发现那位教师不讲究，乱堆乱放，学校将扣其相应的考核分。

第三，集资捐资建校门。随着教育教学质量的逐渐提升和校容校貌的逐渐改变，宣威中心学校的声誉也逐渐提升，当地政府和百姓也对学校刮目相看，并给予了大力的支持。为了使学校更具有较大的宣传力度，1997年3月经过我与全体教师研究决定修建宣威中心学校校门。因为校门是学校的招牌，它标志着学校的兴衰状况，对百姓和外界具有一定的宣传作用。但那时要修建一座校门少则近万元，多则要几万元。学校本身是个穷单位，要想凭本校实力来修建，那只是个梦想罢了。为此，我上请示下联系，经过多方找关系，求资助，最后挣得当地政府和村委的支持，以及地方百姓和在外工作的爱心人士的捐资助款，再加上本校教职工的集资金额等，共获得人民币5 000多元。就这样经过一两个月的资金筹措，到5月份就开始修建了。终于不到4个月，一座造价仅7 000元，由我自行设计的高5米、宽6米的砖混结构、顶部为四角翘檐的琉璃黄瓦校门落成了。校门修好后我还在门两边分别书写《小学生守则》和《小学生日常行为规范》，并在校门前面竖立了一块功德碑，将所有捐资的好心人名单及金额以及支持单位和金额镌刻于上，让后代铭记。此外，我还在碑上题了一首小诗曰："捐资建校德流芳，造福子孙岂能忘。立面石碑垂百世，欣看校园出栋梁。"

这样一座校门在当时来说是比较宏伟壮观的，它不仅显示着校园的兴旺，而且还给校园增添了一道亮丽的风景，以至于后来我被调到麻江筹建第二小学时，县教育局领导也曾经想要我负责设计并完成全县中小学的校门修建任务（后因其他原因未完成）。只可惜在21世纪20年代由于校园搬迁及宣威中学扩建的原因而不复存在了。

我在宣威三年多，其教育教学质量和校容校貌都发生了巨大变化，虽谈不上什么百废俱兴，但也算是成绩喜人，旧貌变新颜。为此，1997年10月中旬，县教育局局长、副局长等一行三人到校找我谈话，要求把我调到县城去筹建城关二小。当时我是一口拒绝的，因为我不想进县城，进县城离家远，开支大。但没想到每隔一周领导们又来动员我，直到第三次就直说要我支持他们的工作后，我终于只好答应了。

就这样县教育局于1997年10月15日下文调我到麻江筹建"杏山鄞县希望小学"（即城关二小）。可没想到这一年由于父亲早患上的肝硬化腹水反复无常地发病，我经常请假在家照顾直至病故，11月3日我安埋父亲料理完后事后才回到学校移交手续离开宣威中心学校到新的工作岗位上。

离别之时，我是利用课间操时间与全校师生话别的。当时我没有多少话要说，因为一怕师生流泪，二怕自己流泪而说不出来，所以仅仅只说了几句宽心鼓励师生的话就挥手告别了。当天我在自己的日记本上留下三首诗：

其 一

依依一别龙山情，
转眼宣威欲四春。
如今又是依依别，
思绪万千实难云。

其　二

吾历四校十七春，
不才默默为苍生。
功名利禄淡如水，
休为达官上县城。

其　三

调令时逢父病危，
校园诸事憾未成。
父返仙乡拭泪别，
移交手续方启程。

筹建新二小

离开宣小来到麻江，我是孤身一人。我在麻江一无亲友，二无房屋，只好暂住在我岳父的宿舍（岳父已退休回老家）。爱人还留在宣小任教，按局里安排待二小建成后再调上来与我在一起。

二小全称是"杏山鄞县希望小学"，因所在地属杏山镇，且是由浙江宁波向阳实业有限公司董事长毕经良先生资助的工程，故而得名。

我来到二小时还是一坝田，不过政府已经把地征好了，县教育局工程办的同志已和施工方放好线准备挖基脚了。

说到筹建，其实主要是监工，这是我平生第一次专职搞校园工程监工工作。为了把握好工程建设质量关，晚上我尽量熟悉图纸，白天就严格按照图纸和合同要求监督施工方。凡不符合图纸要求的该翻工就翻工，不该签字就不签字。因此每天我总是起早贪黑，与工人一起上下班，有时还比工人提前上班。

由此可以想象，一个真正的监工员是多么的辛苦啊。我只想尽了职责就过得踏实，不留下个千古骂名就心安理得了。其他的也就顾不上了。

就这样寒来暑往，风雨无阻，经过半年多的时间，杏山鄞县希望小学终于在1998年8月竣工了。虽然附属设施尚未完善，但9月份也照样开学了。第一批新生为一年级三个班，共计120

多人。县教育局配备教师共8人，由我担任副校长并作为学校主要负责人，教导主任是从一小调来的一位女教师，叫李秀玲。当时办学条件除教学楼外，其他还是比较简陋的，如没有操场、学生桌凳紧缺、办公经费贫乏等。因此在第十四个教师节到来时，全校教师在此欢度，拢起来吃饭还不到一桌人呢。虽然有崭新的教学楼，但想到老师们的工作环境和生活状况还是比较寒酸的。于是，我就写了这样一副庆祝教师节的对联：

赖得献真情，高楼喜落成，忙忙碌碌无准备，孺子三班师八位。

转眼临佳节，杏坛论耕耘，辛辛苦苦有欢乐，粉笔两支墨一瓶。

虽然寒酸，但感觉时光过得很快。转眼就到了11月份，上级通知说11月中旬宁波鄞县县政府领导要来进行教学楼落成剪彩仪式。为了做好迎接工作，全校师生都忙得不亦乐乎。从镇到州等相关领导也常来检查工作，就在临近11月中旬时，贵州省副省长莫时仁就到学校视察过。当时莫副省长握住我的手嘱咐道，要给教学楼修建一块纪念碑，让人们永远铭记好心人的捐资建校美德。陪同的麻江县副县长杨仁勇接着说要马上去办。于是当天晚上我就拟好碑文，第二天立马到麻江县城招待所处一碑厂购买石碑，并亲自书写，要求石匠当晚镌刻（那时没有电气化，全靠手工雕刻），到第三天上午就运到学校立成了。石碑除了叙写教学楼的资金来源及征地建校等过程外，还附上一首小诗曰：

有缘千里送真情，学子高楼喜落成。

名垂校史千秋颂，更盼栋梁出校门。

新成立的二小虽然师生少、教室新，但问题多、困难多。诸如学生在校活动存在许多安全隐患、教学设施尚未得到配备，学生课桌凳、教师办公桌椅紧缺，无硬化操场、跑道等。为此，我通过向上反映、寻求相关单位领导资助等方式予以解决。同时，亦制定和完善各项规章奖惩制度，认真努力抓好教育教学质量。在1998—1999年学年度第一、二学期期末全镇统考统评工作中，该校一年级三个班各科成绩均不亚于城关一小，在全镇同年级中亦位居榜首，赢得了广大市民的称赞，使得第二学年招生人数急剧上升至每班50多人。

在二小我洒下了辛勤的汗水，在二小的这段时间是我不能忘记的岁月。二小的教学工作已经进入正轨，在二小的建设中我积累了一些经验，人生就是要不断地奋斗。艰苦的工作还是需要有人去干，我于2005年3月就被调到坝芒布依族乡负责筹建坝芒中学工作去了。

坝中乃归宿

2004年3月初县教育局杨文羽局长通知我说："你去坝芒搞筹建坝芒中学工作吧，那里交通便利。学校建成后你就在那里担任总务主任，过一两年我再把你调回来。"后又补上一句，"到时我还在位就可以，如果我不在位那就不一定兑现了。"我说："回不回来不要紧，学校建成后我只想上课，不想担任什么职务。"

就这样，县教育局于3月15日下文，根据文件要求，我于3月18日到新单位报到。

我平生尚未到过坝芒，小时候只知道父亲来坝芒修建国防公路，那时听父辈们说坝芒很远，且又高又冷，常年气候又不好。等长大后我才从行政区规划图上得知坝芒在麻江县的西部，那里山高林茂，是个高海拔地区，并有省级名胜风景区——仙人桥，有三县市交界处的原始森林斗篷山，有千亩绿毯的篱河草场等著名风景点。虽然如此，但坝芒距离县城较远，有32公里；虽然有一条省道（309）通过，但各方面的发展都比较落后。因此，许多教师和乡镇干部都怕分到那里。

我去坝芒之前曾经有许多好朋好友这样劝说过我："你去坝芒，那不知到什么时候才能够调回来啊！要知道没有关系是调不回来的。"为此，我去之前就写下这样一首诗来表达我的心愿：

人生难测似梦乡，吾离二小赴坝芒。

山清水秀沐风雨，路远天高度韶光。

随遇而安苦亦乐，夤缘耍弄逸犹脏。

休问西行何日返，愿凭两鬓待秋霜。

就这样我打着背包于2005年3月18日来到了坝芒，并受到了当地乡政府和教育辅导站的热情接待。当天他们领我到工地看了一下，然后就把图纸、合同交给我，还领我到农户家找房子租用（因为坝芒小学也没有教师住房）。

在坝芒工作实在很不方便，有时即使有钱也无法生活。因为这里仅有一条街，也仅有一家粉店，过了上午11：00什么吃的都没有了。据店老板说，原来有几家饭店都垮台了，其原因是那些机关干部老赊账，连吃早餐的粉钱都不开，年终又结不到账。我一个人不方便开伙，于是只好到乡政府食堂去搭伙。

新建的坝芒中学就在309省道旁边，与坝芒中心小学仅隔这条省道相望。从乡政府到建校工地大约600米远，每天我从工地到乡政府吃两顿饭要跑两个来回。一个来回至少要25分钟，工地老板往往就会抓住这个时间在施工方面做手脚，有时他们还利用邀请我到街上一起吃饭的机会做手脚。如有一天中午12：30他们说该下班吃饭了，不做了。于是让一个管工的老板和一个工人陪我一起先走去街上吃饭，另一位老板和其他工人后来。那时正在用混凝土浇灌一根柱子，基脚尚未完成，我担心他们会趁我不在往里面加石头变成毛石混凝土。所以当走到公路桥头距离工地300米左右时我就借故说掉了一件东西在工地上，便立马返回来找，结果正如我所料。于是我勒令他们翻工，即将石头全部取出来重新用混凝土足足浇灌，然后再用震动棒进行震动。

从那以后，他们知道我是个秉公办事、不为名利的人，也就不敢随意耍滑头了，不过还是千方百计地搞点手脚。如梁、柱混凝土的配合比和砌砖灰浆的配合比会时不时降低比例。但我就看哪一场（次）的比例低就取哪一场的作为试压块，这样他们就更虚火了。

然而，我这样认真地监督对方施工，对我来说也没什么好处，只有渐渐地惹老板生气，增加矛盾而已。确实如此，如在2005年8月待施工到教学楼主体二楼时，我看工人浇灌大梁的混凝土灰浆太稀，就要求工人搅拌干一点。结果那天老板看到就对我大发雷霆，他盛气凌人地说："你只不过是教育局的一条狗而已，尽管你怎么认真也起不了什么作用。"我就发火了。于是我们就争吵起来，他还先动起手，我还手时也太重，甚至把他打伤了。之后他到当地派出所报了案，派出所同志来调查时也知道理在我这边，最后也就不了了之。

自从我与工程老板矛盾激化之后，县教育局分管工程的副局长找我谈话，把我的工作调换了，让我去上课。因为8月份就开始招收第一批新生入学，暂时借用坝芒中心小学的教室上课。

告别了监工生活，我就把整个心思放在教学工作上了。2005年9月，刚成立的坝芒中学迎来了第一批200多名的新生，共设4个班，暂与坝芒中心小学合在一起上课。那时办学条件十分简陋，师生工作学习和校园生活都很艰苦。教师没有办公室办公，仅有一台油印机放在窄小的楼梯间里供老师们印试卷。生活上，学校请有工友蒸饭，师生个人想吃多少就蒸多少。菜是由学生自己从家带来的。如自家酿好的酸菜、糟辣子等，条件好一点的就包一点油炒菜，吃完了就吃光饭。老师则是两三个以上合在一起煮食的多。那么休息睡觉的地方是如何解决的呢？那就只分男女寝室，即学生分男女两间教室，教师亦分男女两间教室，学生洗漱物品都只能放在教室外面的走廊上。此外，由于操场只有一块，不够用，中学就在早上跑操，小学就在上午两节课后做操。

来到坝中那年我虽然有25年的教龄了，但一直都在小学讲台上，并且主要是搞学校领导工作。因此，坝中还是我平生第一次走进中学讲台的地方。我是学中文的，根据学校工作安排我接手的是七（1）班的语文、历史教学任务。

第一次担任初中语文教师，我诚惶诚恐，非常担心教不好，怕期末统考得倒数第一。因此，对于备课和批改学生作业我是非常认真的，每上一节新课之前我都花大量的时间阅读教学参考书和其他参考资料，并精心拟写好课堂教案后才走上讲台。此外，我还抽出课余时间找学生交流，了解学生是否听懂，并根据学生的意见去改进自己的教学设计。这样就拉近了师生关系，赢得了学生的好感。因此，学生也非常喜欢听我的课。没想到期末统考成绩下来，我教的科目人均分还超出了县人均分，并且还比其他班高，我心里的石头终于落下来了，深感对于教育教学工作只要肯努力探究，爱生敬业，无论是中学小学都可取得理想的成绩。

第二学期该班班主任不愿继续担任了，学校根据学生的意见，安排我接手七（1）班班主任工作。就这样我一直承担班主任工作，送了一届又一届，直到送走2020届才终于得以卸任。

自古创业艰难多，而艰苦环境却能磨炼人的意志。坝芒中学的建校劳动和我所带领每一届学子的艰辛历程，就令我深有感触。

第一届学子是2005级九（1）班，这是坝芒中学成立以来的

第一届，自然是最艰苦的。

首先是全校教职工义务上山伐木。学校成立之初是白手起家，没有桌子板凳，没有睡觉床铺，就连教室的黑板也没有。为了解决这些难题，学校向乡政府打报告，乡党委、政府发动各村委和当地群众向学校捐赠树木。但是所捐赠的树木都是由学校自己动手砍伐，自己请木工加工成桌椅的。因此，学校全体教职工在首届校长章兴敏的带领下，利用每周双休日的时间义务上山伐木。老师们上山伐木不分天干和下雨，不分春夏和秋冬，真是寒来暑往，风雨无阻；毫无报酬，无怨无悔。那情景真令人感动，为此，我写下了《爱心铸就求知园》这一篇散文，真实地记叙了坝芒中学教职工义务上山伐木的情景和地方百姓捐资建校的举动。

此外，学校还安排每周有1—3天为劳动时间，让全校师生到附近山坡上运送已改好的木板。至于较远一点的如大开田、瓮址、猫头等村资助的树木，学校就自找拖拉机或农用车拉到学校来改。

改好板子还要有序堆放晾干，有时由于场地临时变动需要移走重新堆放。如2006年8月新校落成后，又将板子搬运到新校去堆放，这样搬去搬来到木板晾干再到请木工打制成课桌椅，不知花费了师生多少心血呀！

这还不算，全校师生还花更多的时间来搞建校劳动。如协助工人铺沙、运石硬化操场；自己动手修建河道坝堤洗衣洗菜台、开挖荷塘、修建花园等。师生们每周上课的时间和劳动的时间几乎各占一半，甚至有时劳动时间还多余上课时间。即使这样，坝芒中学也没有让教学成绩落下，学生也没有丧失学习信心。相反许多同学还不断磨炼自己的意志，养成了刻苦奋斗的积极进取精神。我带领的九（1）班每天5：50—6：00起床进行晨跑锻炼，即使在寒冷的冬季也从未间断过，春夏时节有的同学5：30就起来看书学习了。

建校劳动从2005年9月起一直持续到2010年春季。建校劳动虽辛苦，但能磨炼人的意志，使人具有艰苦奋斗的精神。我从2006年春季接手班主任到2020年7月，一共带了五届学生，即2008届、2011届、2014届、2017届、2020届。从刻苦学习程度来讲，前两届比后几届要刻苦得多，而后几届的学习精神和意志力却远远不如前两届。可后几届的学习环境和生活条件比前两届好得多啊，而且是越来越优越。不仅在生活上得到国家"两免一补"，而且在学习上课本和作业本也免费。教室里也安上了"班班通"，操场、跑道都不断地得到了优化，学生可以说身无一文可在学校衣食无忧。可为什么现在的学生大多早上不能按时起床，晚上不能安静入睡？"两操"不认真，早读无精神，作业不认真按时完成，总是千方百计偷偷玩手机，抽好烟等。这不禁会令人想到两千多年前孟子老先生所说的"生于忧患，死于安乐"啊。要想提高教育教学质量，不光要改善办学条件，更重要的是要时常向学生做好革命传统教育，无论何时何地都要以思想教育为主。因此，对于每一届学生我都要想方设法组织他们进行野外实践、参观革命圣地、清明节祭扫革命烈士墓等活动。2007年3月我带领2008届43名师生进行80多公里的野营拉练活动，让学生体验"苦不苦，想想红军二万五"的艰苦岁月；2010年4月我带领2011届51名师生进行50公里的春游活动，让学生开阔视野，热爱自然；2013年11月我组织2014届学生进行野外求生实践活动，让学生亲身体验生活，增强求生意识；2016年3月我带领2017届学生参观贵定县第一中学和黔东南州凯里一中，让学生开阔视野，生发远大理想；2020年3月我带领2020届到将近100公里的瓮安县参观猴场会议会址，让学生寻找红军足迹，继承革命传统，发扬红军精神。

除此之外，我还利用双休日和节假日到学生家进行家访，与家长进行交流。建议家长不要溺爱孩子、迁就孩子，要经常对孩子进行热爱劳动、勤快做事、对人有礼貌、从小学会感恩、学会吃苦耐劳等教育。这样孩子到学校也才会热爱学习、刻苦学习、勤奋学习。

通过以上的教育途径和辛勤耕耘，我所带领的每一届学生都取得了有目共睹的好成绩，尤其是2014级七（4）班，在2014—2015学年度第二学期全县统考统评中，有9名学生跃入全县前100名，其中有5名进入前50名，开创了坝芒中学自建校以来从未有学生进入全县前50名的先河；2017年中考，本班升学率达100%，有12人达全州重点高中录取线，其中有3名被凯里一中录取，6名被黔东南州民中录取，1名被面向全州招生的台江民中重点班录取，2名进入麻江一中重点班。该班总体成绩和我所教授的语文成绩均居本校同年级第一，人均成绩超出县人均分，使我校中考成绩一举跃上了当时全县7所中学第三位，取得了自本校成立以来前所未有的辉煌成就。

作为班主任，要想把一个班学生带好，带出一个响当当的班集体，那就要有付出，而这个付出是不需要回报的。这个付出就是不惜牺牲自己的休息时间，如我家访每个学生都是利用双休日和寒暑假时间来完成的；有时还要不惜牺牲自己的钱财，如我给本班男女生寝室和本班教室作简易的装修，给本班教室安装防盗窗、设置图书柜、安装电脑等。尤其是我带的2008届、2011届，因为那时条件比较落后，学生住校生活没有补助，教室没有电脑，没有"班班通"，为了让学生能看到国内外新闻，我花了500多元钱为班上安装闭路电视。为了让每个学生能安心学习，我对家庭贫寒的学生给予必要的资助，给他们免费订购教辅资料、校服，还时不时给他们5元、10元的生活补助。每到寒假放假回家过年时我还领他们到街上选购一套新衣服，有时打发他们每人50—100元回家过年。

就这样，我与每一届学生都结下了深厚友情，做班主任工作虽然很辛苦，但也很快乐。因为我在他们心中好像显得很重要，而他们在我心里也很重要。其实我在坝芒不是没有机会调出，而是不想调出。我有六次调到县城的机会，第一次是在2007年，麻江县政协有关领导来找过我，想把我调去县政协编写有关麻江人文方面的书籍；第二次是在2009年，县教育局局长来找过我，想调我去负责麻江二中的筹建工作；第三次是在2010年3月，县文广局有关领导来找过我，想调我去搞文物考查和研究工作；第四次是在2010年9月，县教育局一副局长下到学校检查工作时问我想不想调进县城；第五次是在2012年，麻江二中有关领导也来找过我，想要我去帮助他们搞建校工作；第六次是在2013年，县教育局负责麻江二中建校工作的有关人员派人来打听我，意思是去二中搞教学工作。然而，每次面对领导和朋友的关心好意时我都一一谢绝了，为什么呢？因为在前两次我把消息告诉学生时，他们眼睛都湿润了，我怎么忍心离开呢？在接手每一届学生时，我都在初一阶段对学生承诺要带他们到毕业。因此，我还想什么调动的事情呢。

不过，在带2020届九（4）班到八年级结束时，也曾经有过令我和学生沮丧、失望的时候。那就是在2019年7月暑假开始时，学校要更换班主任和科任教师，由年轻教师来承担该班九年级的教育教学工作任务。没想到我把消息传到班级群里时，许多同学纷纷发来短信不让我离开他们，要求陪他们到毕业。再说我在放暑假前就已经把九年级的教学和班级管理的计划都拟好了，班级的学习制度、活动开展安排也发给同学们了。因此，这一变动令人有点不适应，师生不免有些情绪。当然学生情绪可以表露出来，而作为班主任的我只能埋藏在心里罢了。为此，在暑假里我写了《己亥暑假杂感》（数首）和一篇小说《告别的滋味》。但没想到在新学期开学时，原来确定了的新班主任和科任教师都被调走了，学校又安排我来重操旧业，师生再次见面时表情犹如春风拂面，怡然自乐矣！

我不仅努力搞好自己的教育教学工作，还服从学校安排义务完成其他工作。因此，教育教学工作有苦有乐，但学校其他工作也不例外。

到2021年3月18日，我来坝中就整整16年了，是坝中成立以来的第一个见证人，与坝中的发展变化有着密切的关系。因此在2014年下半年，麻江县教育和科技局开始组织编写《麻江县教育志》面向全县中小学征稿，并要求各校搜集、上交本校校史资料和编写本校校志时，坝芒中学校志编写应运而生，学校成立"校志编写组"，由我担任主编，并于2015年1月7日主持召开了"坝芒中学校志编写第一次会议"。

会上，由我宣读并说明《坝芒中学关于校志编写实施方案》。《实施方案》决定成立"坝芒中学校志编写组"，共设有顾问4人，由校长何忠华、副校长杨秀兴、校党支部书记任庆锋以及罗世坤老师担任；主编1人，由我担任；副主编2人，由李章乾副校长和宋荣华老师担任；成员由黄有平、罗家洪、李政、罗婧共4位老师组成。此外，还决定拟写张贴"关于征集坝芒中学校史资料的启事"。会后，所有成员分组下乡采访健在的老教师、老领导、老校友等人员，并于2015年1月20日分别下到坝芒乡7个村民组进行宣传、张贴"关于征集坝芒中学校史资料的启事"。

坝芒中学校志编写组在2015年上半年紧张有序地进行着编

写工作，共召开过6次专项会议。此外，还邀请健在的老领导、老教师、老校友于2015年1月28日召开"坝芒中学校史资料座谈会"。座谈会上，许多老领导、老教师、老校友对坝芒中学的前身史实仍记忆犹新，为修志工作提供了许多有价值的史料。

然而，不到半年，《县教育志》因编写人力不足而中途停止，各校校志编写也自然中断，唯有坝芒中学校志编写仍未放弃。但亦因人事变迁、工作繁杂而导致无人脱产专心修志。不过，杨秀兴校长对修志工作极其重视，于是决定将我的课程减掉2节，专心作《校志》编写工作。因而《坝芒中学校志》编写组虽仍存在，但全部出自我主编一人之手。

我作为坝芒中学成立至今的第一见证人，从接受任务那天起深感责无旁贷，千方百计运用寒暑假来完成撰写任务。虽说减掉2节课，但亦无法静心秉笔。一是本人从未间断班主任工作和相应的教学工作；二是还要承担全乡诗书画活动的开展、联络等工作；三是和其他老师一样，还要下乡完成其他职内任务，如保学控辍、脱贫攻坚等工作。众所周知，写史编书最好是连续撰写方能思路有序，文从字顺。如果时写时停，一心二用，不但难以成文，而且会导致对各项工作一举多失焉。然而，寒暑假也并非绝好的写作条件，因为至少还有两方面的干扰，一是红白喜事之间的礼尚往来不能不耽搁；二是放弃与家人及朋友游玩、娱乐而无法解释遭讥笑。故想达到静心、闲心撰写只能是与工作相对而言。

虽然如此，但我只有骑虎不能下背，无论如何也要完成《坝芒中学校志》的编写。就这样终于在2019年7月，历时四年之多的《坝芒中学校志》终于付梓与师生见面。

然而，至于出书还有个很困难的大问题。因为此《校志》

为16开本，220千字，共455页，共有图片594幅。要印成精装本彩色版，经联系贵阳印刷厂，100本开印就合140多元一本，再加上排版费共需要两万多元。再说原校长杨秀兴已调到麻江二中任校长，新任校长也面临着无钱出书的困难。无奈之下我找到了当地乡党委罗康海书记。可书记也感到困难，只好出面请二中资助，最后，麻江二中出资12 000元予以帮助。学校由于缺乏资金出书，只好从二中资助的12 000元中除去5 000元开支编排、复印、样书等费用，余下7 000元印了35本书精装本（200元/本）作为赠送提供史料的老校友、老领导、《校志》编写组成员等人员（由于学校没有资金送到贵阳印刷厂作批量印刷，所以在麻江"湘黔图文告部"作少量印刷成本费就相当高）。但35本根本不够分发，为了满足各位校友期盼已久的心愿，我只好自掏800元增加印了4本。在2021年3月6日我参加麻江县作协换届选举会议时，县文联姚春辉主席说送一本给文联存档，因此又增印了一本。就这样，《坝芒中学校志》的成书我不仅无分文报酬，而且还花了1 000元钱进去，另外平时下乡采访查找佐证材料所消耗的油费等那就不用说了。不过说这些也只是让内行人知道罢了，也许在外行人眼里这只不过是区区小事而已，顶多花个几十元钱的排版费，一本书的工本费也不过是十几元而已，照这样计算12 000元至少要印500多本（这些无知的说法曾经被风吹到我耳边）。

然而，对此我无怨无悔，因为我终于完成了一件具有历史性意义的任务。即使不像志书，也对后人具有一定的参考价值。至于是否有点功劳、苦劳，那就任凭今人、后人去评说吧，我是从不在乎的。

我从教至今教龄将近41年了，已经历了六所学校，其中坝芒中学我待的时间最长，已有16年了。要是按实际年龄退休的话应于2020年8月份退休了。可是因为当年参加工作时还想考大学，又怕超龄不得报考（那时年龄卡得紧，超过25岁就不能报考了），所以把年龄改小了两次，一次为1961年12月18日，一次为1962年6月30日，其实我真实的出生日期是1960年8月21日（不过为了方便，在大多情况下我还是填写身份证上的出生日期——1962年6月30日）。最后教育局认定档案为1961年12月18日。也就是说在2021年年底我就要退休了，因此，坝中将是我一生从教的最终归宿。

刍议篇

（一）教育教学论文选

实施素质教育刍议

随着人类社会的发展，教育也应随之革故鼎新。国家早在十年前就已开始实施"减负"和素质教育工程，这对教育领域来说无疑也是一场"革命"。然而，素质教育喊了这么多年，但仍举步维艰，始终难以摆脱应试教育的桎梏。可以这么说，素质教育虽喊得惊天动地，而应试教育却抓得扎扎实实。如何转变教育观念，全面实施素质教育，真正能为学生"减负"，使学生能够得到全面发展，是每个教育工作者值得探讨的问题，对此，笔者冒昧作些刍荛之见。

一、要转变观念，关键在于领导

大家都知道，实施素质教育关键在于教育观念的转变，因为应试教育根深蒂固，自从1977年我国恢复考试制度以来，人们就把考试视为选拔人才的重要途径。于是，学生的考试成绩竟成了各级领导作为衡量一所学校、一个老师高下的唯一标准；学校便自然而然地出现了扎扎实实抓应试，片面追求升学率的不良倾向。这种现象即使在大喊"全面提高教育教学质量，全面实施素质教育"的今天也仍然持续不断。

当然，素质教育并非取消考试，也并非不讲教学成绩，只是素质教育应淡化选拔意识，面向全体学生，重视对学生各种能力的培养，使学生在德、智、体、美、劳等方面都能得到发展。它与应试教育有着较大的区别，从宏观方面看，素质教育优于应试教育。那么，我们为何要向应试教育的误区前进呢？这不得不令人深思。由此可见，实施素质教育，关键在于各级领导如何转变教育观念，如何正确评价学校、教师的教育教学成绩。

二、要全面实施素质教育，须改革教育激励机制

为什么老师们难以摆脱应试教育的桎梏呢？难道这仅仅是关系到教育观念的转变问题吗？不！这是关系到教育激励机制是否科学完善的问题，关系到上级领导如何正确考核、评价学校教师的问题。

众所周知，目前学校对教师们的年度考核和评优、晋级等，均以"统考成绩"一锤定音。因此，老师们不得不以应试为主，素质为辅，有时不免要占用学生的课外活动时间和未统考的科目课时，为学生"充电"。由此可知，要想真正全面实施素质教育，就必须建立健全好切实可行的、科学的教育激励机制。彻底改变那种仅仅依靠教学成绩作为教师评优、晋级的方法，并将如何培养学生特长、开发学生智力、发展学生能力、激发学生学习兴趣等方面的活动评价纳入考核、评优内容。这样才能充分调动广大教师的工作积极性，才能全面推进素质教育的实施。

三、教育工作者应具有宏观的教育理念

教育是关系到国家兴衰大事的一项长远的系统工程，它不是一月两月或一年两年的突击工作任务。因此，作为一名教育工作者，不能鼠目寸光地只从微观上考虑，不能只顾眼前名利

而片面地去追求升学率。必须有长远的眼光，为国家的前途利益着想，为提高整个国民素质，培养一大批适应新时代的社会主义事业建设者和接班人作出贡献。只有具备这样的宏观教育理念及教育思想，才能真正转变教育观念，全面实施素质教育。

1999年5月

注：此文曾发表在全国《中学生报》2009年11月3日教师版第20期第4版上。

浅谈课外阅读与写作提高

【摘　要】课外阅读是中小学生学习生活的一个重要组成部分，它不仅有助于学生扩大知识面，开阔视野，而且有助于丰富学生的精神生活，提高学生的写作能力。因此，如何提高学生的写作能力，方法固然很多，但课外阅读不可缺少。

【关键词】课外阅读；写作；提高

古人云："读书破万卷，下笔如有神。"这就是说一个人如果读的书多了，写起文章来就好像有如神灵来相助，不愁找不到写的。古人的这种经验不是凭空想象出来的，而是经过长期的实践得出来的。纵观古今中外，一切成大器者，无不与酷爱读书、读万卷之书密切相关。

在中国古代，不是有许多名人名家皆因博览群书而功成名就吗？晋朝太康年间的左思，为了写好三国时三个都城的《三都赋》，不但到实地去作大量的情况调查，而且还阅读了大量的史料，最终写成了轰动一时的《三都赋》。使得"豪贵之家，竞相传抄"，造成"洛阳纸贵"的美誉佳传。汉代史学家和文学家司马迁为了继承父业，写好一部完整的史书，从38岁就开始发奋阅读、整理国家所藏的史料、图籍和档案，到实地考察。经过长期艰苦的努力，终于写出了我国第一部纪传体通史——《史记》。这部通史上自黄帝，下至汉武帝太初年间，全面地叙述了我国上古至汉初三千多年来的政治、经济、文化多方面的历史发展。人物传记记录了从黄帝到汉武帝各个社会阶层、不同地位、不同职业的人物的生平活动，包括帝王、侯王、贵族公主、各种官僚、政治家、军事家、思想家、文学家、策士、隐士、说客、刺客、游侠、商人、医生、卜者等等，表现了历史的生动性和丰富性。试想，假若司马迁没有花一定的时间去阅读大量的史料，他能凭空想象写出如此众多的人物形象和历史事件吗？

在外国，爱读书而有所成就的名家导师也不胜枚举。例如：俄国著名诗人杜勃罗留波夫单在13岁那年，就读了410种书。书本磨炼了他的意志和才能，因此，他在20岁到25岁这短暂的五年间，就写作了一百多篇内容丰富而深刻，战斗性、艺术性都很强的辉煌论文。全世界无产阶级的革命导师马克思为了要推翻资本主义的剥削制度，实现社会主义和共产主义的理想，也阅读了大量的书籍。他除了读完1 500种以上的私人藏书外，还到大英博物馆博览群书，最终花了40年的精力完成了《资本论》巨著的写作。无产阶级革命导师列宁也是这样。他为了领导俄国共产党进行革命斗争，不论是被沙皇反动政府流放到严寒的西伯利亚，还是禁闭在密不透风的监狱里，他都没有离开过书本。其他中外的革命领袖，也莫不如此。

书是人们的精神食粮，也是一个人的精神财富。如果一个人不读书或少读书，就会失去精神支柱，头脑就会变得空虚。因此，读书不仅能提高一个人的精神境界，也能使自己获得更多的知识。因为每个人的知识除了一部分是通过自己实践研究得来的外，大部分都是通过借鉴前人的经验得来的。而前人的经验只能从书本中得来。一个人看书多了，他头脑里的知识就会不断得到更新，变得更加丰富。正如南宋大理学家朱熹在

《观书有感》一诗中所云："半亩方塘一鉴开，天光云影共徘徊。问渠哪得清如许，为有源头活水来。"

再说，古今中外有所成就的人也并不都是经过什么名牌学府深造而成的，而是由于他们持之以恒地从读万卷书中不断总结和积累前人的经验。开国领袖毛泽东就是一个鲜明的代表。

例如作为新中国的缔造者之一，毛泽东一生并没有进过什么大学，更谈不上到国外留学，仅仅只有个中师生的文凭而已。但他却有过人的渊博知识，能够写出令人叹绝的华章。他不但是一位伟大的思想家、政治家、战略家和军事家，而且可称得上是一位伟大的文学家、诗人和词人。难道这些成就不是他博览群书的缘故吗？根据他身边工作人员的讲述和一些史料记载可知，他从学生时代到参加革命，从二万五千里长征到新中国成立，乃至社会主义建设新时期，无论何时何地都总是与书相伴，并且还常在夜深人静之时看书学习、写文章。据说他睡的床总有一半是堆满书籍的，另一半只能容纳自己躺下。他每天睡觉前总是先看上几页书，即使在战争年代、军事繁忙之时也不放过。正因为他一生能够纵览群书，所以他不仅能博古通今，借鉴历代帝王的成败经验及教训，懂得中国社会的历史发展状况，领导中国人民推翻旧制度，建立新中国，从胜利走向更加伟大的胜利，而且还能在公务繁忙之时写出许多气势磅礴的诗词，以及大量的经典著作。

在外国也有自古成才非为学校，而靠饱览群书有所成就的事例。苏联的高尔基幼年丧父，11岁就开始独立谋生。他不仅没有机会上完小学，而且曾在继父的监视下还不得看书，如果发现他看书就会被打的。在这种严酷的现实面前，他还一面上街为人擦皮鞋谋生，一面千方百计地寻找时间看书、写日记。没有钱买书，就从垃圾堆里拣来看，每得到一本书，总是设法躲过继父的眼睛把它看完。就这样通过长期的日积月累，他最终成为一个能够著书立说，学问高深的学者，世界著名的无产阶级作家。

被称为"现代戏剧之父"的挪威现实主义戏剧家易卜生亦是如此，易卜生8岁时家庭破产，15岁时就独自谋生。他到一个小镇的药店当学徒，连续6年的时间里，他废寝忘食地阅读了大量的文学和历史书籍，还不时写诗作画讽刺财主和官史，抒发胸中的郁闷。在1850年报考大学失败后便投身于工人运动，长期坚持阅读和写作，最终写出了震动剧坛的力作——《玩偶之家》，成为19世纪欧洲后期一位伟大的现实主义戏剧家。

在我国古代，还有一些嗜书成癖的雅人。他们之所以能成为名震一时的文人学者，也与他们的嗜书成癖有关。如后汗马融勤学，写得一手好文章。人们都说他读尽了天下文章，因而奉以"绣囊"的美称。唐代的大博学家虞世南，饱览群书，知识渊博，人称"行书厨"（意思是活的书柜子）。宋朝的李纲，不但是个有名的政治家，在文学上也有很高的造诣，他博览群书，被人称"书橱"。明代的文学家丘琼山，博学多览，才华横溢，人称"丘书柜"。这些热爱读书而有所成就的典型事例，是值得我们后人学习的。

我们都知道写作需要讲究一定的技巧，掌握一定的方法，诸如：选题要得当、遣词造句要准确、语法要规范、修辞要得当等等。但众多的条条款款也只能起到画龙点睛的作用，更重要的还在于自己是否具有丰富的知识和清晰的思路，这就关系到一个人是否看书多了。只有多读书，知识才能丰富；思路才能清晰；自己也才能感到有内容可写；才能写出有质量的好文章。

中国有许多大文学家、大诗人，如古代的李白、杜甫、韩愈、柳宗元等，现代的鲁迅、郭沫若、柳亚子等，他们那时上学念书就根本谈不到学什么"主谓宾、定状补"这样的语法知识，但是他们却能写出语句通畅、文辞优美的惊人之作而流芳百世，难道这不是与他们善于饱览群书有关吗？

综观古今中外的大学问者或名人名家，他们之所以被人们称之为"学富五车""才高八斗"或"出口成章""下笔成文"，是因为他们一生酷爱读书。作为一个中学生，光靠课堂上所获得的书本知识必定是有限的，这样写出来的文章也必定是枯燥的。因此，要提高学生的写作能力，作为教师除了要让他们掌握一定的写作方法和技巧外，最重要的还在于设法指导他们多阅读一些课外书籍，给他们多增加一些课外读物，让他们多阅读各种有益之书。正如现代教育家徐特立先生所说的那样："有关家国书常读，无益身心事莫为。"

只有大量阅读各种有益之书，才能不断丰富自己的词汇，增加自己的知识，使自己写起文章来"游刃有余"。大文学家鲁迅先生说得好："只看一个人的著作，结果是不大好的：你就得不到多方面的优点。必须如蜜蜂一样，采过许多花，这才酿出蜜来，倘若盯在一处，所得就非常有限，枯燥了。"因此，有意识地指导学生从小养成热爱读书的好习惯，并像蜜蜂采花酿蜜一样善于阅读各种有益之书，相信对于提高学生的写作能力，就会收到"读书破万卷，下笔如有神"这句千古名言的良好效果。

注：此文在2007年6月参加全国第三届教育科研成果评审获一等奖。

如何去掉"寡崽"守大房的孤独

——浅谈对特殊留守少儿的教育

我说的"寡崽",并不是无父无母的孩子,而是父母不在身边的孩子。众所周知,如今社会,虽然国泰民安,国民经济总体上升,物质产品丰富,人民生活富裕。可谓是太平盛世,黎民百姓理应乐业安居呀!然而,人们不难看到,大批农民不再是种粮种菜的农民了,而是变成新型的"农民工"去了,他们长年甚至数年在外打工挣钱,常把他乡作故乡。因而,留守少年儿童与日俱增。这些留守少年儿童虽有父有母,但终日见不到父母,只能从电话中或者从偶尔寄来的汇款单中,才能感觉到父母的存在。留守少儿大多由爷爷、奶奶照看,有的由外祖父、外祖母照看;可是有的没有祖父、祖母和外祖父、外祖母,只好独自一人看家,这不犹如寡崽守大房吗?这样的特殊少儿,孤独得像荒草一样生长,童真童趣无人呵护啊!面对这样普遍存在的社会问题,我们该如何教育呢?我想主要是如何帮助他们去掉眼前的敌人——孤独。

由于留守少儿缺少与家人交流的机会,这对其心理会产生不利影响,容易导致心理问题。如自卑、封闭、过分自尊,或盲目交友,以图消除孤独寂寞等。因此,孤独会导致一个人意志消沉,走向歧途。那么,如何才帮助他们消除孤独呢?

我想首先无非就是一个"爱"字。苏霍姆林斯基说:"没

有爱，就没有教育。"人生最先应当接受的教育就是爱的教育。所以我认为："百教爱为先。"作为一名教师应该懂得"师爱"是"师德"的灵魂，是教师教育学生的感情基础。爱自己的孩子是本能，爱别人的孩子是神圣。因此，我们只有在"爱"的前提下，才能想出各种各样的教育方法来。

方法是想出来的，只要"爱"在你心中，就会有一种责任感驱使你不得不去想，不想就放心不下。那么，又怎样去想呢？下面试述我的一些体会和做法，供同人参考。

一、情感交流是关键

著名作家巴尔扎克说："在各种孤独中间，人最怕精神上的孤独。"

因此，人生最大的孤独是精神上的孤独。而精神之一来自情感，情感来自交流，没有人与之交流，哪来的情感呢？一个没有父母在身边，身边又毫无一个亲人的少年，试想他（她）的内心世界会怎样？只要你留心观察，就不难发现，这样的学生课堂上毫无表情，两眼发呆，脸上会呈现出一种十分沮丧的神情。课后寡言少语，自己在座位上不是看书，就是写写画画，看似很用功学习，实则在排解心中的苦闷。那么在学校都成这样，可想而知在家里怎不感到寂寞更长呢？对这样特殊家庭的学生，我们作为他的教师，尤其是作为他的班主任，只有千方百计地和他交流。如课间十分钟主动与他随便聊一聊，自习课把他叫到办公室谈谈心等。这样与他讲一些开心的事，摆谈一些名人名家成长的故事，畅谈人生的理想，讲讲如何面对人生道路上的挫折、困境等。让他能勇敢地面对现实，克服困难，做生活中的强者，使他能微笑着面对生活。这样你就会成为学生的朋友，学生也会信任你，有什么心事都会与你交谈，希望得到你的理解和支持，你就会成为他精神上的支柱，使他逐步远离心灵上的孤独。

二、家访工作是基础

提到家访，也许有人会问："这样的学生，父母都不在身边，并且家里毫无一个亲人，你去家访谁呀？"是的，我们是不可能登门拜访，但可以询问他父母的电话号码，采用电话联系的方式呀！电话联系虽然没有面对面交谈的亲切，但也可以将孩子在校的情况反映给家长，哪怕家长看不到自己的孩子，只要经常打个电话询问一下表示关心也行。有时，只要你的工作做到位了，家长也会动心，居然也能放弃在外打工的机会，返家照顾孩子完成学业。如我班的一位女生，家住坝芒街上，从进入初三年级到现在已近三个月了，在校表现不错，可成绩就是上不来，整天好像心事重重。就在我写此文的头一天，我把她叫到办公室进行思想交谈，她才向我吐出了心中的苦闷：那就是每到周末放学回家，感到家里空荡荡的，心里非常孤独。说完泪水夺眶而出，这时，我的眼眶也禁不住地湿润了。当时我心里感到十分的内疚，并在不停地责备自己，为什么到现在才找她谈话呀，要是早一点知道这情况，我就会早一点帮助她排解心中的苦闷了。此时，我只好称赞她真了不起，能独自一人面对自己最大的敌人——孤独。并勉励她要做生活中的强者，然后我让她走进教室学习，才背着她向家长打个电话。我对家长说："你们怎么忍心让一个未成年的女孩独自一人看家啊！你们知不知道她是多么的孤独啊！一说到家，她眼泪就掉下来了。整天愁眉不展，学习越来越跟不上了。"从电话里我感觉到家长也非常内疚地流泪了。最后，我建议他们想办法留一个家长回家来照顾孩子到毕业之后再去打工，他们也同意了。

三、经常呵护是保证

要知道每个家长都各有自己的难处，他们未必都像我所举例的那位家长一样，说来就来。有的确实在外身不由己，只好忍痛割爱。因此，我们必须像保护小树苗一样，随时对他们的心灵给予呵护。呵护心灵，首先，要用知识的源泉去浇灌他，去陶冶他。我们不妨想方设法让他们用心去读一本书，用心去倾听一段音乐，让他们愉快度过每一天；其次，思想交流不能断，要千方百计找时间与他们促膝谈心，让他们不断增强自信，不惧困难；第三，鼓励同学相伴，可以互助为家。常言道："在家靠父母，出门靠朋友。"因此，可鼓励这些孤独无靠的同学主动和其他同学交流，同时，也鼓励其他同学多关心这些无依无靠的同学，周末可相约到同学家去玩，互相帮助家长做一些力所能及的农活。这样一来锻炼自己，二来增加情感交流，解脱孤独。

四、多彩活动是良药

苏霍姆林斯基说："不能把小孩子的精神世界变成单纯学习知识。如果我们力求使儿童的全部精神力量都专注到功课上去，他的生活就会变得不堪忍受。他不仅应该是一个学生，而且首先应该是一个有多方面兴趣、要求和愿望的人。"因此，作为一名教师，我们不能单方面地把学生捆在教室里，一味地要求他们学习，还要结合学生实际和年龄特征，适当而多方面地开展丰富多彩的课外活动。如校园内的篮球竞赛、文娱晚会等文体活动；校园外的野炊、春游、秋游、参观学习、野外主题班会等活动。这些活动可有利于学生开阔视野，发散思维；培养兴趣，交流情感；增强能力，展示自我。从而使其身心愉悦，乐已忘忧。此乃解脱孤独、苦闷之良药也！我想每位教师都会有同感。

五、学校重视是稳定

在学校教育方面，留守少儿作为一个特殊的弱势群体，应当引起学校的特别关注。留守少儿更应该得到学校和老师更多的关心和爱护。学校除了给予知识的传授和学业的管理外，也要给予他们心灵关怀。学校应配备心理老师，以便对他们（她们）及时疏导教育。多项管理，形成教育网络，真正形成社会（当地政府、村民委员会）、学校、家长共同教育管理留守少儿的教育网络体系。通过多种方式方法进行联系与沟通，相互交流，共同协作研究，使其成为一项长期稳定的教育方略。

综上所述，乃本人一孔之见。在科技知识爆炸的年代，面对当今所出现的大批留守少年儿童，尤其是我所说的这些特殊的留守少年儿童，想必诸位同人也不会无动于衷吧，定有许多妙计良方。但不管怎样，还是那句老话，教有方法而教无定法。相信每位教育者都会在实践中寻求到良好的教育策略。

2010年10月30日

注：此文在2010年11月27日麻江县首届教育教学论坛中荣获中学组教育类一等奖。

浅议如何引导中学生学习古典诗歌的创作

【摘　要】诗歌，是一切文学作品的开路先锋。古典诗歌是我国古代文学的瑰宝，堪称国粹。然而，随着社会发展到今天的信息时代，古典诗歌早已被现代自由诗体取而代之，谈论甚少，至于创作古典诗歌那可是少之又少了。因此，引导中学生学习古典诗歌的创作，就是对我国古典文化的传承，是弘扬国粹的主要途径。要引导中学生学习古典诗歌的创作，兴趣是最好的老师。如何培养学生的兴趣爱好，是学生学会古典诗歌创作的关键所在。有了兴趣爱好，对于古典诗歌的创作方法问题就会迎刃而解。

【关键词】古典诗歌创作；兴趣爱好；平仄韵脚；民歌搜集

古典诗歌包括古体诗、近体诗以及词、曲等，是我国古代文学的代表。它起源于人类的生产劳动（口头创作的歌谣），盛行于唐、宋。"诗言志，歌永言"。诗歌，从它产生之日起，就起着抒发情感、状物咏怀的作用，并且还能及时反映社会现实生活。因此，作为一名中学语文教师，很有必要向学生面授此知识，并予以指导创作。那么，如何引导中学生学习古典诗歌的创作呢？笔者作为一线语文教师，在教学实践中有如下点滴体会，愿与同人探讨。

一、引导学生从欣赏入手，着重培养其兴趣爱好

众所周知，无论一幅书画或是一件物品，要想了解它的真正价值及其意义，必须学会欣赏。要学会欣赏，首先对此要有一定的兴趣和爱好。有句名言说得好："热爱是最好的老师。"其实，任何成就都取决于个人的爱好和执着的追求。但是，一个人对于某件事情的兴趣爱好并不是与生俱来的，而是通过一定的环境熏陶、感染，以及一定的教育、感化才产生的。因此，我们可以采取一定措施和方法去培养学生的兴趣爱好，在这方面我是这样做的：

1.指导学生懂得学习古典诗歌的重要意义

文学是反映社会生活的，而诗歌是文学体裁的一种，并且古典诗歌还是一切文学作品的开路先锋，在人类社会出现文学之前就已经有了口头创作的歌谣了。在一部文学史中，诗歌的产生和发展，以及它在各个朝代、各个不同历史时期所起的作用，始终占着相当重要的地位。因此，学习古典诗歌有着重要的意义，这一点必须让学生懂得。此外，让学生懂得用古典诗歌反映生活还具有以下优点：（1）简便快捷；（2）便于记忆吟诵；（3）便于书赠张挂、装饰屋室，表情达意、交流情感；（4）写作条件要求不高。无论行走坐卧或是远游他乡都可随时创作，只要灵感一来，就可一气呵成，一挥而就（如：毛泽东的许多诗词都是在马背上哼成的）。

2.引导学生多阅读古典诗歌

古人云："熟读唐诗三百首，不会作诗也会吟。"因此，多读也是培养兴趣爱好的一条途径。为了引导学生多阅读古典诗歌，我从以下两方面入手：（1）在教学课本中的古诗词时

引导学生进行延伸阅读。如教到杜甫的《春望》时，就向学生推荐杜甫的"三吏""三别"作为课外阅读，让学生进一步了解杜甫其人其事以及其诗歌创作的风格；（2）向学生推介并捐献《贵州诗词》《黔东南诗词》以及我县创办的《麻江金秋诗歌辑》等诗词刊物作为课外读物。因为这些诗词刊物都刊登有我本人的作品，虽然不是什么上乘之作，但学生特别喜欢看自己老师的作品，这不仅有利于师生交流情感及创作方法，还有利于激发学生的写作兴趣。

3.课文开讲可适当选用古典诗歌

教学时，适当用古典诗歌开讲，可营造一种优雅别致的学习情景，使学生受到潜移默化的熏陶、感染。如在教郭沫若《天上的街市》一诗时，可向学生吟诵秦观的一首关于牛郎织女难得相会的词《鹊桥仙·七夕》，词曰："纤云弄巧，飞星传恨，银汉迢迢暗度。金风玉露一相逢，便胜却人间无数。柔情似水，佳期如梦，忍顾鹊桥归路。两情若是久长时，又岂在朝朝暮暮？"这与郭沫若在《天上的街市》诗中将牛郎织女写成过着自由自在的幸福生活形成鲜明的对比，使学生不仅能易于理解诗人大胆改编传统故事的目的在于表达自己追求和向往美好的自由幸福生活，还能体味到上述一词所营造出那种"相见时难别亦难"的优美意境。又如在上刘禹锡的《陋室铭》一课时，可先介绍作者曾三次受贬时所写的两首诗，以及《陋室铭》的写作来历。第一次受贬被朝廷召回时，以桃花入题写到："紫陌红尘拂面来，无人不道看花回。玄都观里桃千树，尽是刘郎去后栽。"[1]有人认为此诗是影射朝廷的，于是他又遭贬谪。几年后回来又以桃花入题写到："百亩园中半是苔，桃花尽净菜花开。种桃道士归何处，前度刘郎今又来。"[1]又同样受贬。曾有一次被贬到安徽和县当通判，和县唐时称和州，和州的知府姓策，策知州百般刁难刘禹锡，先是给他三间面临大江的小屋，他欣然在门上挂了这样一副对联："面对大江观白帆，身在和州思争辩。"不仅抒发了自己对这三间小屋的喜爱，也表明了自己的心志。这就气坏了策知州，于是策知州又将刘的三间小屋减少到一间半，并搬到位于德胜河的边上，附近是一排排杨柳。刘又欣然提笔写了这样一副对联："杨柳青青江水平，人在历阳心在京。"策知州见此知道刘禹锡仍不买他的账，于是气急败坏地和书丞商量了好久，便又在城中为刘选了一间仅能容下一床一桌一椅的小屋，逼他搬家。半年时间，搬了三次家。刘禹锡实在气愤，于是才提笔写下这千古名篇——《陋室铭》。

介绍这些内容不仅让学生了解到作者的身世和写作背景，而且也让学生懂得古典诗歌的重要作用及其意义，从而激发了学生的写作兴趣。

4.即兴创作也是培养兴趣爱好的途径

要鼓励学生爱诗写诗，自己也要有所爱好。因此，我常利用带生春游或开展主题班会、文娱晚会以及社会生活时事等条件即兴创作，向学生吟诵。我在指导学生装饰和布置寝室时，为鼓励他们早起，就写了一首七绝贴于墙上，诗曰："天刚破晓铃声鸣，急起晨练健身心。莫言年少寒窗苦，有志须当日日勤。"不仅能激励学生早起，还能激发学生写诗的兴趣。我在组织学生观看汶川地震灾难新闻时，现时向学生作了两首七律，其一："地动山摇一瞬间，空前灾难降汶川。数万生灵成新鬼，上千房屋化硝烟。废墟茫茫升雾罩，暮雨潇潇作泪添。断电路毁音讯杳，哀鸿遍野恸人间。"其二："一方有难八方援，中华美德自古传。汶川地震惊寰宇，同胞心系建家园。可爱兵哥连续战，志愿仁者勇上前。捐资捐款牵海外，人间大爱道不完。"当学生看到老师的诗作时也拿起笔来跃跃欲试，于是在我的诱导下，当天就有部分学生送上了诗稿。其中还是有一些写得较好的，如一生写道："中华大地遍鸿哀，炎黄儿女苦难挨。百年罕见冰灾后，如今又遇地震来。昨日美好瞬间逝，今朝悲惨因祸埋。万众一心手牵手，重建家园莫伤怀。"像这样的诗虽不能达到律诗的要求，但平仄、韵脚已基本掌握了。

二、指导学生习作，最好从近体诗的"绝句"入手

古典诗歌包括古体诗和近体诗。所谓古体诗，指的是唐代以前的诗歌，其特点是：每首不限定句数、字数，平仄、韵脚不讲究，可以说是古代的"自由诗"。所谓近体诗也叫今体诗，或叫格律诗。它是唐代才发展成熟的一种新体诗。其特点和古体诗相反，除长律以外，每首要限定句数，每句要限定字数，而且很讲究平仄和韵脚。

近体诗分绝句和律诗两大类。绝句是四句一首的五言或七言小诗；律诗是八句一首的五言或七言的诗歌。

为何引导学生习作，最好要从近体诗的"绝句"入手呢？因为绝句短小易记，其平仄和韵脚也易于掌握。初学者只要写好绝句，那律诗也就容易了，因为律诗是绝句的双倍，只是要求中间两联对仗而已。再者，古体诗在今天来说也不必效仿，我们提倡学习古典诗歌，实际上就是学习近体诗和词。

那么，如何学习近体诗的"绝句"呢？当然首先是要掌握韵脚，其次要掌握平仄。

1.关于韵脚

所谓韵脚，就是指每首诗的第二句和第四句的最后一个字

的音节及韵母必须相同或相近，这也叫押韵。其押韵的特点是：（1）五绝限用平声字（这是跟"古绝"的显著区别）；（2）五绝以首句不入韵为常例，首句入韵为变例。而七绝则正好相反。

2.关于平仄

平仄就是平声和仄声在诗句中要错落有致，达到使人读来抑扬顿挫，朗朗上口的效果。"平声"现在一般是指普通话里的阴平和阳平，"仄声"是指普通话里的上声和去声。下面就"五绝"和"七绝"分别阐述一下。

（1）五言绝句

五绝的平仄句式一共有以下四种[2]：

①仄起第一式（首句不入韵，仄表示可平可仄，△表示韵脚，以下类同）：

仄仄平平仄，平平仄仄平。△

平平平仄仄，仄仄仄平平。△

②仄起第二式（首句入韵）：

仄仄仄平平，△平平仄仄平。△

平平平仄仄，仄仄仄平平。△

③平起第一式（首句不入韵）：

平平平仄仄，仄仄仄平平。△

仄仄平平仄，平平仄仄平。△

④平起第二式（首句入韵）：

平平仄仄平，△仄仄仄平平。△

仄仄平平仄，平平仄仄平。△

（2）七言绝句

七绝的平仄句式是五绝的扩展，即在五绝每句的头上，按照平仄交替的规律加上两个字：仄起的加平，平起的加仄。对照如下：

仄仄平平仄，平平仄仄平。→平平仄仄平平仄，仄仄平平仄仄平。

平平平仄仄，仄仄仄平平。→仄仄平平平仄仄，平平仄仄仄平平。

七绝的平仄格式有以下四种[2]：

①仄起第一式（首句入韵）：

仄仄平平仄仄平，平平仄仄仄平平。

平平仄仄平平仄，仄仄平平仄仄平。

②仄起第二式（首句不入韵）：

仄仄平平平仄仄，平平仄仄仄平平。

平平仄仄平平仄，仄仄平平仄仄平。

③平起第一式（首句入韵）：

平平仄仄仄平平，仄仄平平仄仄平。

仄仄平平平仄仄，平平仄仄仄平平。

④平起第二式（首句不入韵）：

平平仄仄平平仄，仄仄平平仄仄平。

仄仄平平平仄仄，平平仄仄仄平平。

以上是绝句平仄的基本方式。实际上平仄也不是固定的，若拿古人所写的绝句和我们今天所讲的平仄来对照，也不一定能够一一对应，因为古人的读音与我们今天的读音不尽相同。因此，我们作诗只要符合自己所处时代的读音，而且读来感觉朗朗上口就行了。从现今来讲，我们指导学生习作就必须以现代汉语拼音的音节为准。

三、指导学生搜集民歌也是学习古典诗歌的一种方法

诗歌首先源于民间口头创作，因此，流传在民间的各种歌谣大多属于古典诗歌的类型，它是一种口头文学。

民间歌谣的最大优点是押韵顺口，通俗易懂。只不过有的过于白话，语言不够凝练而已。但我们必须向民间歌谣吸取营养，这对于我们创作古典诗歌是大有裨益的。其一可以了解劳动人民是怎样用诗歌来鞭挞和讴歌社会现实的；其二是学习民歌的创作艺术。因为民歌大多采用比喻、比兴、夸张、象征等表现手法来创作的，这些手法是值得学习的，因此，我常鼓励学生到民间去搜集歌谣。2007年5月，我校开展民族文化进校园的活动，我就组织本班学生下乡采访，搜集民间歌谣、对联、故事传说等资料，之后还办了一期黑板报。这不仅陶冶了师生的情操，还激发了学生对古典诗歌的写作兴趣。

搜集到的民歌中，有朗朗上口的地名歌谣，如"坝芒景地水门街，东西南北山峰排。大营龙转小营寨，水秀山明犀牛台"；有描述山水古迹的山歌，如"坝芒山水古迹多，瓮城有个牛角坡。半坡有个星宿洞，旁边有个神仙窝"等；有传情达意的酒歌，如"酒杯斟酒酒杯高，酒杯高上搭仙桥。手提金壶来献酒，朋友喝酒意气高。""五月敬酒是端阳，五龙抢宝在长江。今晚五龙来相会，大家相会好开腔"等；还有一些民间歌手根据家乡的面貌变化自编自唱的，如"坝芒是个布依乡，好山好水好风光。上级领导来支持，起得中学闹洋洋。民族中学起好了，全乡学子进学堂。去年进了新学堂，今年普实老师忙。校长老师多辛苦，想为民族争个光"等。这些歌谣想必是对学生会大有裨益的。

以上是本人在教学中向学生传授学习创作古典诗歌的点滴体会，当然也不仅仅是指导他们学习写作近体诗，还有词、曲、对联等，其方法也只不过是大同小异，在此就不必一一赘述了。最后，让我冒昧以一首七律与同人共勉：

弘扬国粹利于今，必有诗词入课程。

砺志抒怀添雅兴，表情达意长精神。

平仄韵脚须掌握，生活灵感顿咏成。

只要诸师能重视，杏坛定会有骚人。

参考文献：

[1]卞孝萱，吴汝煜.刘禹锡[M].上海：上海古籍出版社，1980.

[2]席金友.诗词基本知识[M].呼和浩特：内蒙古人民出版社，1980.

注：此文在2011年7月荣获贵州省科研论文评选二等奖。

浅议如何激发学生课堂学习兴趣

【摘　要】教学的成功与否在于是否激发了学生课堂学习的兴趣，只要学生学得有趣、有味，其教学效果就达到了。为此，可通过精心备课、开讲新颖、诱导得法等教学环节力求达到此目的。

【关键词】精心备课；开讲新颖；诱导得法

教学是师生双方的一种互动过程。在教学过程中，如果学生的"学"与教师的"教"能相互配合得默契，就会收到事半功倍的教学效果。所谓配合默契，即是指学生越学越感到有兴趣，而教师越教也越感到有兴趣。当然，要达到此目的，首先是要让学生对课堂感兴趣，其次才是学生反作用于教师。那么，如何才能激发学生课堂学习兴趣呢？对此，本人根据自己在教学实践中的体会，提出如下一些粗浅的看法。

一、精心备课是激发学生课堂学习兴趣的主要措施

备好课是上好课的基础，这是每位教师都能亲身体会到的。一堂好课使人不难看出学生的学习积极性较高、课堂纪律较好、学习气氛较活跃、教师讲解也较轻松自然。这些良好的效果不就是与授课教师在课前精心设计教案有关吗？因为只有精心备好课，教师才能对教学内容和教学环节做到胸有成竹，

讲解才能生动有序，故而学生听起来有味，学起来有趣。

教学中我们常会看到这样一个问题，就是有的老师平时上课好像凶神恶煞，而学生却不听使唤，要么死气沉沉，要么纪律性差，教师越讲越没兴趣。一节课下来总感到又气又累，其教学效果很不理想。然而，待学校开展公开课教学活动时，听课教师就会看到全班学生都坐得端端正正地认真听老师讲课。小动作不见了，小话不讲了，并且还能积极举手回答问题，课堂学习气氛很活跃。此外，教师的教态也变得和蔼可亲了，讲解也变得轻松自如了，教学效果也明显地提高了。这是什么原因呢？说穿了就是由于教师精心备好课的结果。当然也不排除有领导和老师在听课，故学生纪律较好。但这并不是主要原因，主要原因还是与教师的备课有关。因为平时老师们上课都很少有思想负担和精神压力，大多数备课都较简单随便，对教材内容都没有很好地去钻研、吃透，讲起课来就难以做到得心应手、游刃有余，学生自然会感到枯燥无味，毫无兴趣。待轮到上公开课时，自己也怕丢脸，不得不花时间去熟悉教材内容和课标要求，去阅读有关教学参考资料等，然后才精心编写好一堂课的教案。因此上起课来就能做到有条不紊，并能收到预期良好的教学效果。

如此看来，要想真正激发学生课堂学习兴趣，就得严格要求自己精心备好每一堂课，努力提高课堂艺术，这是每个教师务必采取的首要措施。

二、开讲新颖是激发学生课堂学习兴趣的关键所在

开讲也就是新课的导入。这一教学环节的好坏直接关系到一堂课的成功与否，因此，好的开讲是一节成功课的良好开端，也是激发学生课堂学习兴趣的关键所在。

开讲是一门艺术，也是一门科学。好的开讲具有鲜明的目的性、设计的巧妙性、内容的准确性、形式的多样性和时间的控制性。它能够吸引学生的注意力，使学生能将课余十分钟的分散精力瞬间集中转移到学习上来。因此，开讲形式必须要新颖，才能吸引学生。所谓新颖，就必须具有趣味性，必须结合教材内容和学生实际，采取切实可行的开讲方式。

三、诱导得法是激发学生课堂学习兴趣的基本保证

课堂上诱导学生积极主动地思考回答问题，不仅是课堂学习气氛活跃的基本因素，而且是激发学生课堂学习兴趣的基本保证。所谓诱导得法，就是要求教师在课堂提问中，对所提的问题要有趣味性和启发性，使学生能够及时进入积极的思考状态，争先恐后地回答问题。此外，教师的提问还应具有针对性和整体性的原则，即是在提问中要考虑到哪些问题是针对中下等生提的，哪些问题是针对中上等生提的，在整堂课的提问中，要注意各种问题是否能够相辅相成，环环相扣，使之能围绕着一个训练重点，组成一连串问题，构成一个指向明确、思路清晰而有内在逻辑联系的"问题链"。这种"问题链"就能够打通学生的学习思路，使学生进入积极思考的学习状态。

激发学生课堂学习兴趣的方法和措施必定是很多的，这里就不再一一赘述了。总之，教有方法而教无定法，因此，相信每位教师都能在自己的教学实践中总结出更好的经验，找出更佳的方法，所述这些，只不过是本人的一点粗浅的看法而已。

注：此文在2012年7月荣获贵州省科研论文评选三等奖。

教育均衡发展研究

众所周知，任何国家、任何社会都离不开教育，教育必须摆在国家优先发展的重要战略地位上。然而，自古以来，任何国家都未必能使教育得到均衡的发展。这是为什么呢？毫无疑问，与国家的经济发展不平衡有关，与国民经济发展水平有关。但也未必全是这样，其实这当中也还存在着许多人的观念问题和各级领导的重视与否问题。因此，我们应该对教育的均衡发展作深入的研究，找出相应的策略，在这里本人愿作刍荛之见与同人共同交流和探讨。

一、目前教育的发展存在着不均衡的现象

目前，我国教育发展不均衡的现象随处可见，归纳起来主要有下列几种：

1.教育设备配备不均衡

就拿县城和农村来比较，我们可以看到存在以下几方面的差距：县城学校的国拨教具总比农村学校的齐备；县城学校的体育器材配备总比农村学校的齐备；县城学校有标准的塑胶跑道，而农村学校很难有标准的普通跑道；县城学校有多媒体教室、排练室、书画室等专用教学场地，而农村学校有的连会议室都没有，更不要说其他的专用场地了。由此可见，目前我国教育设备的配备是极不均衡的。

2.师资力量配备不均衡

目前，边远落后地区的学校教师编制不足不讲，另外大家都知道，好的老师都往好的学校调，差的教师就往差的学校调，甚至有的领导动不动就对老师说"搞不好就把你调到边远的乡村学校去"。因此，条件差的学校无疑就会获得素质差的老师，再加上缺编，这样下去，落后地区岂不是差上加差吗？其教学质量怎能会得到提高呢？

3.生源素质不均衡

现在，上级教育主管部门领导虽然三令五申不准开设重点班，小学还可以，可中学就不一样了。就中学来讲，我们可以看到，州一级的学校面向全州招收尖子生，同样，县一级的学校面向全县招收尖子生，那么，乡镇级的农村中学就只能收到分数较低、素质较差的学生了。其教学质量就远远赶不上城市的，而社会对教师的评价是不公平的，老百姓只会说农村中学的教师素质差。这对老师的打击较大，因此，生源素质不均衡，就会使在农村工作的教师失去信心。

4.教育信息不均衡

在当今信息、知识爆炸的时代，按理根本不存在什么信息不均衡的问题。可是，往往就会出现在县城以上的学校获得的各种教育教学方面的竞赛活动信息比乡下学校的早一两个星期或一两个月以上的情况。有时在乡下接到通知时就是交稿的时间了，有时是距离交稿时间仅有几天。就拿这次"中国贵州人口·人才·素质高峰论坛"的竞赛通知来说吧，我校是8月25日才得到的通知，通知要求在8月31日前交稿，可其他县城学校是从6、7月份就得到通知的，8月20日之前就交稿了。出现这样的情况不是一次两次的事情，而是经常性的，其原因何在？这大概来自两方面：一是农村电脑设备不好，有时连不起网；

二是个别分管领导不重视。

二、实现教育均衡发展的意义

要实现教育均衡发展，首先要意识到其均衡发展的重大意义。我们应该知道，实现教育均衡发展，对整个国家来说有着极其深远的重大意义。首先是使国家的国民素质得到整体提高；其次是使边远落后地区的人才得到更好的培养；其三是能够充分调动广大教职工的积极性，达到人尽其才，才尽其用。

三、实现教育均衡发展的目标和措施

要实现教育均衡发展，不可能盲目地铺开，要根据国民经济的发展水平和各地区的经济发展水平进行总体规划，分步实施。只要做到有计划、有目标，那么就应该拿出具体措施来。本人认为，要实现教育均衡发展，其具体措施应该如下：

1.要千方百计确保农村学校的师资力量

目前，农村中小学的师资存在的不良状况，一是编制不足，有的学校还在请代课教师；二是教师专业搭配不当，主要是在中学。我校近两年都缺语文教师，尽管校领导不断反映，可上面每年分下来的特岗教师不是英语，就是数学。学校没办法，只好让部分数学或英语老师改行；其四是高素质且事业心较强的教师尽往条件好的学校调；其五是支教教师的实质变味，不是工作好、能力强的教师去支教，而是工作差、能力低的教师去支教；其六是教师居住无着落，工作不安心。因此，要想确保农村学校的师资力量，我认为必须采取下列相应的措施：

（1）采取优惠政策，鼓励教师扎根边远山区。如在边远山区任教10年以上可浮动一档工资，或在同等条件下优先考虑边远山区教师的评优、晋级问题等。

（2）对边远山区教师的调动应作特殊规定。如除特殊情况外，必须规定在边远山区任教3年以上，并且其教学人均成绩连续3年高出县人均成绩者，方能调出。

（3）只有国家帮助边远山区教师解决住房问题，才能使边远山区教师安心工作。如在学校建简易的教师住房，或由教师出资三分之一、国家匹配三分之二的资金进行修建。因为大多数教职工虽在乡村学校上课，但都将房子买在县城，如果由教师全部来承担建房的话，那太困难了，实在承担不起。只有由国家来帮助，才能稳定边远山区的教师队伍，从而调动边远山区教师的工作积极性。

2.要不断完善边远山区的教学设备

目前，农村学校及边远山区学校的教学设备明显不足，如会议室、展览室、教职工娱乐室、多媒体教室等专用教室的设备，音乐器材、体育器材的配备、音响设备等。此外，还有体育场地的建设，如正规跑道、球场等。国家应在此方面给予大力支助并逐步解决，尽快完善边远山区的教学设备。

3.扩大校园图书室，增加图书量

目前，乡村学校的图书室都很狭小，大多在30平方米以下，而且图书量很少，里面储存的图书大多是其他单位赠送的废旧过时的、毫无价值的书籍。因此，国家应大力支持乡村学校，设法扩大校园图书室，增加具有阅读价值的图书量，让乡村孩子多扩大知识眼界。

4.为边远贫困地区开绿灯，允许教师帮助学生购买课外读物和学习资料

边远贫困地区距离县城较远，附近没有书店，学生无法买到所需的资料和课外书籍。而县级以上的学生想要什么书、什么资料，可自己到书店去买。边远贫困地区的学生只有教师代劳，才能使自己扩大知识眼界，吸取知识营养。大多数教职工都购房居住在县城，周末返家，为学生购书，那是举手之劳的事情。当然，这不是说老师们怕麻烦而不想代劳，而是怕上级领导说教师乱给学生订购资料，增加学生负担，从中捞取什么回扣等。其实，领导们可以调查价格是否合理，调查学生是否是自愿购买的就行了。因此，在这方面，上级领导应该为边远贫困地区开绿灯，允许教师帮助学生购买课外读物和学习资料。

5.可以集中优势办学

就是说在条件许可的情况下，可以集中在某个地区办学。如可将各乡村中学撤掉，集中到县城来办，这样一来对教师起到公平竞争的作用，能激发教师的工作积极性，因为大多数教师买房购物都在县城，二来可以使学生享受教学资源，达到资源共享。

实现教育均衡发展，所采取的措施和方法是多种多样的。但我想通过以上这些措施和途径，农村和城市的教育将会大大缩小差距，国家教育的发展会逐步趋于均衡的状态，整个国民素质将会得到较大的提高。

注：此文发表在《中学生报》2012年"教师版"第2期第14版上。

浅谈班级管理策略

管理，即负责某项工作使其顺利进行。任何大小单位，要想成大事，出成就，无疑重在管理。因此，对于教育教学的一个小单位"班级"来说，要想使班风班纪良好，各科教学成绩突出，班主任对班级工作的管理是否得当起着至关重要的作用。下面就本人的切身体会，浅谈对班级管理的一些策略。

一、从教师自身素质修养谈起

作为班主任教师，要想在学生中树立自己的威信，让学生对你肃然起敬，那就必须具备以下几方面的素质修养：

1.举止文雅，穿着得体

一个人的言谈举止是否文雅有致，穿着打扮是否得体，标志着一个人的素质高低。一般来说，举止粗鲁，语言庸俗，说明这个人缺乏教养；而穿着过度华丽，会让人感到华而不实；穿得太不讲究，会让人看出你对生活失去信心，得过且过。

2.尊重他人，平等互信

班主任，虽然是学生的"父母官"，无论说什么做什么，学生都不敢不听从，但是也要尊重学生的一些选择。同时，要想走入学生的心灵，就得和学生打成一片，建立平等互信的和谐关系。千万不要言过其实，言而无信，处处以师长的身份凌驾于学生之上。

3.虚怀若谷，低调做人

有的人喜欢在众人面前大量罗列自己曾经取得的荣誉，认为说得越多越具体，就会得到别人的称赞、敬佩，殊不知却适得其反。其实，不管你以前取得过什么辉煌的成就，那都是过去的事，过去的已成为历史，并不代表现在和将来。因此，作为班主任，在接手新班跟学生初次见面讲话时，最好是讲讲你的打算、做法，让学生看看你是否有信心、有方法带好他们。所以，最好要谦虚一点，低调一点。

二、浅谈管理措施

管理措施可以因人、因班、因时而异，并不是固定不变的。下面就我自己在实践中的一些体会和同仁们作几点交流：

1.管人先管心

作为一个领导者，最难管的事什么？也许有的人认为是钱财、是纪律、是卫生、是生活等，而我认为是人心。管好人心，人心齐，好办事，正所谓"人心齐，泰山移"。所以，只要人心管好了，什么东西都好说，什么东西都好办。作为一个班集体也是如此。那么，怎样才能管好人心呢？

（1）关心体贴是管心的基础

无论是人还是动物都是有感情的，当你得到别人的关心照顾时，你会感激不尽，听从别人的建议或劝解，同样，你关心体贴别人，别人也会感激你、听从你。因此，学会关心体贴人是管好人心的基础。

（2）交心谈心是管心的关键

要想走入学生的心灵，就得常和学生交往，建立师生感情。但交往就必须与学生谈心交心，正所谓"交人先交心"。因此，只有与学生交心谈心，才能了解学生之心，只有了解学生之心，才能管好学生之心啊。

（3）察言观色是管心的途径

众所周知，人的内心世界是由面部表情，以及语言动作表现出来的。因此，要想知道你的学生在想什么，要做什么，或遭到什么挫折了，或遇到什么困难了等等，就必须留心观察，若发现有什么苗头不对就立即找其谈心，及时了解，以便对症下药。这样，也许得救的学生会一辈子感激你，那他怎么会不听从于你呢？因此，学会察言观色是管心的途径。

2.家校联合定班规

俗话说："没有规矩不成方圆。"因此，各校都有自己的校规，各班都有自己的班规。但有的班规实行起来有风险，弄不好就会被家长告上去，使自己在学生面前失去威信。为了避免这一现象，有的班规可以通过家长会来制定。如我带的2014届九（1）班和现在的2014级九（4）班就有一条不成文的班规叫："不准随意带手机进入校园，若有特殊情况者须经本班主任批准方能带入。但到校时须将手机交到本班主任处，待周末离校时再领取。此外，若发现在校园内玩手机者，须在班上作公开检讨，并当众销毁手机，扣操行考核50分。"这条规定是经家长会同意的。从2011年到现在，我毁了学生手机50多部，还没遇到家长来告我。并不是他们没有理由来告我，而是他们不忍心告我。因为规矩是通过家长们同意的，我是为他们的孩子负责任的。

3.制度时时对人订

人们常说制度对事不对人，但很多领导往往在制订本单位的规章纪律制度时都是针对那些不敬业之人来制定的，因为那些敬业之人是根本不需要什么规章纪律制度来约束的。同样，我们在制订本班规章纪律制度或操行考核时，总是考虑如何才约束到那些既调皮又爱钻空子的学生，这就需要不断地实践、完善。如我班的《操行考核实施细则》就是在上两届的实行中不断修改完善的。原先对考核分低于基础分（100分）1分者罚劳动，劳动不见效，罚1鞭子。而现在对考核分低于80分者，按每降低5分罚款2元的方式给予处罚，罚款不见效，就将名字公布在教室的"耻辱栏"上，若再不见效就安排独坐班上的"反思桌"，并叫家长到校谈话。原先对考核加分的重在好人好事上，现在重在学习、作品发表、参加活动获奖等方面。总之，不管怎么样制订，采取什么方式，都必须达到鞭策后进、激励先进的目的，否则，再好、再具体的制度也只是废纸一文。

4.放手放权班干部

实际上班级管理主要是培养班干部如何学会自主管理，让学生管学生，充分发挥班级主人翁的管理方式。那就首先要选举好班干部。班干部的选举可以采取"民主式""自荐式""竞争式""提拔式"等多种方式进行，其次是放手放权给他们，并给予一定的特权，如：劳动委员和室长只负责安排并检查劳动卫生，不需要亲自参加劳动。所有班干部各负其责，若有同学不听安排，则加倍扣其考核分。这样让他们大胆地开展工作，负责好各自的岗位不出问题或少出问题。

5.育人环境要重视

良好的育人环境对学生的积极向上思想起到潜移默化的作用，因此，一所学校必须有良好的育人环境，一个班级也要有良好的育人环境。班级的育人环境主要指的是教室、寝室。作为班主任必须指导学生用自己的智慧把本班的教室、寝室用心装饰和布置好，寝室要装饰得温馨典雅，给人舒适和睦的感觉。教室要布置得庄重、整洁、美观，给人奋发向上的感觉。

此外，固定的环境可以一次性装饰，不固定的至少每学年一次。

6.齐抓共管很重要

所谓"齐抓共管"，指的是本班所有科任教师一起负责抓好本班的教育教学工作，一起管好本班的学生思想、纪律。这就需要班主任常和各科任教师交流、沟通，必要时可适当组织召开本班科任教师会议，针对某方面问题共同探讨、交流，集思广益，才能得出解决问题的方案、措施。说实话，一所学校要搞好，主要看校长如何带领这所学校的教职工形成一个团结向上的整体团队，一个班级要搞好，主要看班主任如何与各科任教师协调得好，配合得好，形成教育合力。如果班主任和其他科任教师都只顾抓好各自的教学，不能协调，兼顾各科，那这个班的教学成绩就会参差不齐，学生会出现偏科现象，中考就会吃大亏。

综上所述，乃本人在长期担任中学班主任工作的实践中得出的点滴体会和不够成功的经验，根本还谈不上什么班级管理策略。其实，每位班主任只要有恒心，有爱岗敬业之心，都会有自己独特的班级管理策略。

浅谈班级管理中的"操行考核"

【摘　要】"操行考核"是班级管理中的重要组成部分，是学校对学生评优考核的重要依据，是规范学生行为品德、鞭策学生思想进步的有利途径。因此，在班级管理中对学生实行操行考核很有必要。

【关键词】操行考核；实用性；灵活性；可操作性

谈到班级管理，我想作为班主任对于学生的"操行考核"是熟悉不过的了。但真正把学生的"操行考核"落到实处，并能起到对班风班纪良好作用和学生学习进步有着积极促进作用的恐怕不是每个班主任都能做到的。为此，我想就本人多年对班级管理的实践经验和自身体会，对"操行考核"的制定，以及"操行考核"在班级管理中所起的重要作用略抒己见，供同仁参考。

一、如何制定"操行考核"

所谓"操行"，就是品行，是指学生在学校里的表现。但学生在校的表现是各不相同的。小学与中学不同，各校与各校不同，各年级与各年级不同，各班与各班不同。因此，制定学生"操行考核"，必须从本校、本年级、本班的实际情况出发。一般来说，必须遵循下列原则：

1.实用性

"操行考核"就是能适合本班学生采用、遵循，能鞭策后进、激励先进。

2.灵活性

"操行考核"不能一成不变，也不能随意而变。也就是说一旦制定好了，至少要管一个学期，每学期可根据本班的变化情况修改、完善一次。

3.奖励性

制定"操行考核"，其目的是鞭策、鼓励学生积极向上，勤奋努力，因而必须带有一定的奖励才能达到目的。当然，奖励可以是钱、可以是物，也可以是一句表扬的话语。这要看学生具体的情况来定。

4.惩罚性

网上说"没有惩罚的教育是不完整的教育"，我认为这句话说得也有一定的道理。古今中外，可以说无论何种教育都必须带有奖励性和惩罚性。但我要说的是惩罚绝不等于体罚，更不是伤害，不是心理虐待、歧视，让人觉得难堪，打击自信心。惩罚应该是给人以犯错的代价，达到警示、教育的作用。再说惩罚只是一种手段，并非目的。

5.可操作性

所谓"可操作性"就是能够执行，并且操作起来方便。这就要求班主任在制定操行考核时要考虑充分，要具有灵活性。否则，实行起来会遇到一些意想不到的麻烦。比如制定一条是："若有拾金不昧者，一次加2分。"那么一个爱钻"牛角尖"的同学，也许会故意把拾到一张10元的人民币换成10个一元交10次，或换成100角交100次，甚至换成1 000分交1 000次。如果是这样，那事情就难办了。因此，必须把这条修改为：

"若有拾金不昧者，价值在0.1元～10.00元的一次加0.1～2分，若价值超过10元的可视其情况由班委会临时决定加分。"

此外，虽然"操行考核"是考核学生品行的，但也可以将学生在校学习情况列进去。因为学习态度是否端正，学习精神是否勤奋，或努不努力、刻不刻苦，也可以说是一种品行。一般来说，学习勤奋努力者，其学习成绩是逐步上升的，反之，则下降。因此，可将平时月考成绩，以及期中、期末考试成绩上升与下降作为操行考核中加分与扣分的内容之一。还有参加各种竞赛活动获奖者、有文艺作品发表者等均可列入操行考核内容之一。

二、如何执行"操行考核"

众所周知，任何制度的制定并不难，难的是执行。但任何困难都难不倒有心人，正所谓"世上无难事，只怕有心人"嘛。因此，作为班主任必须做个"有心人"，自始至终要督促班干部将本班所制定的"操行考核"执行到底，否则，只能是废纸一张。那么，如何执行呢？以下几点可作参考：

1.设立监督岗

班长监督，纪律委员负责记载。并做到当日记载当日告知被记载者。

2.设立仲裁岗

若有争论，班长仲裁。仲裁不下再上报给班主任定夺。

3.定期兑现奖惩

每周一公布，每月一兑现。即每周末班会课上，先由纪律委员公布本班一周操行考核记载情况，然后班主任再总结，开班会。每月月底，由班长和纪律委员负责统计公布，然后班主任按条款兑现奖惩。

三、"操行考核"在班级管理中的作用

老师们都知道学校管理有校规，班级管理有班规，那何必还要制定一份操行考核呢？其实，"操行考核"就是对校规校纪、班规班纪的量化考核。要想了解一个学生一个月或一个学期在校是否自觉遵守校规校纪和班规班纪，以及其他表现情况，可以从每月的"操行考核表"上或一个学期的"操行考核表"上得多少分得知。由此可知，学生操行考核表在班级管理中占有重要的地位，并起到很大的作用。具体来说应有以下几点：

1.具有激励学生进步的及时性

能规范学生的行为品德，鞭策学生在思想、学习方面不断有所进步。

2.能充分调动学生的积极性和主动性

这就是说，有了"操行考核表"，学生在德、智、体、美、劳等方面的表现就会更为积极主动一些。

3.便于学校对学生评优考核

如每学期学校要评选"优秀团员""优秀学生""优秀班干部"等，只要将班上每个同学一学期的操行考核平均得分从高分到低分一排就知道了，用不着去搞什么投票或推荐的方式了。

4.便于班主任开展工作

如在学校开展文体竞赛活动时，尤其是集体项目，好多同学不愿报名参加，体育委员或文艺委员难以报上参赛人员名单。那么，只要操行考核制定一条为"凡能代表班集体积极参加各种文体竞赛活动一次加3分，若获奖再另按相应的奖项加分"，这样，就不愁没有人报名了。

5.便于家长了解自己的孩子在校表现情况

每当期末学生放假回家的时候，那些负责任的家长不光看孩子成绩单上各科的分数，还要看班主任的评语。但限于纸面评语不可能将一个学生在校的具体表现情况反映出来，这时，只要看到在成绩单上注明"操行考核得分"是多少，并结合班主任评语来分析就知道自己孩子在校的具体表现情况了。

综上所述，本人认为作为一名班主任，在班级管理中对学生实行操行考核很有必要，操行考核在班级管理中起到极其重要的作用。因此，必须认真制定，努力履行。

爱心铸就良师

2014年9月9日，习近平总书记到北京师范大学看望教师和学生，同该校师生代表进行座谈时强调："一个人遇到好老师是人生的幸运，一个学校拥有好老师是学校的光荣，一个民族源源不断涌现出一批又一批好老师则是民族的希望。"是啊！好老师不仅是学校的光荣，是民族的希望，更是一个人成才的关键。那么，何谓好老师呢？习总书记给我们提出了四个标准，那就是：做一位有理想信念、有道德情操、有扎实学识、有仁爱之心的老师。这四个标准，我认为仁爱之心是前提。

所谓仁爱之心就是爱心，就是具有爱岗敬业之心和热爱学生之心。

作为一名教师，因为有了爱心，所以才会生发出理想信念。理想信念是一个人对某种事业的热爱与追求，而作为教师，只有喜爱教书这一行业，才能始终不渝地忠诚于党和人民的教育事业，自觉做中国特色社会主义的坚定信仰者和忠实实践者。并兢兢业业地坚守三尺讲台，为培育祖国栋梁甘洒热血，默默无闻。他的追求不在于索取，而在于奉献，进而会达到这样一种境界：不为名，不为利，忙里偷闲闲恨少，苦中作乐乐亦多。

作为一名教师，因为有了爱心，所以才具有高尚的道德情操。要知道高尚的道德情操是来自一个人积极向上的生活态度和高雅的兴趣爱好。而这些都取决于他是否热爱自己的职业。而作为一名教师只有热爱自己的教书行业，有健全的人格，才能带领学生学会做人，学会生活，学会学习；才能不做违法乱纪之事；才能寓教于乐，文明娱乐；才能引导学生积极、健康地向上发展。我国现代著名教育家叶圣陶先生曾说过："教育工作者的全部工作就是为人师表，为人师表首先必须有真正的人格做保障。"教师肩负着培养祖国未来的重任，理应以自己真正的人格去塑造好学生，因此，必须爱学生，爱自己的行业，因为有了爱心，所以就必须注重自己道德情操的培养，这样才能教育好学生。

作为一名教师，因为有了爱心，所以才能积极进取，学而不厌，诲人不倦，于是便会有扎实学识。众所周知，一个人的渊博知识是来自他的爱好与追求，正所谓"热爱是最好的老师"。作为一名教师，如果你是一心一意地热爱自己的学生，热爱自己的教书行业，那么，你就会千方百计去求知、去阅读有关教育教学方面的书籍、去参加各种培训，这样为自己不断充电，才能提升自己。因为爱学生是需要有一定能力的，没有能力的爱只是一种浅薄的爱，而浅薄的爱是不能培养学生成才的。俗话说："要给学生一碗水，自己要有一桶水。"因此，只有不断为自己充电，才能有能力去爱自己的学生。

爱是教育永恒的主题，没有爱就没有教育。教育是塑造人心灵和灵魂的伟大事业，热爱学生是教师厚重的职业底色。我敢说，从古到今，世界上没有哪一位大教育家或者名师，不热爱自己的学生和教书这个行业。因此，我认为一个教师只要具有一颗红心，热爱自己的教书职业，热爱自己的学生，就自然会树立起育人的远大理想，帮学生"筑梦"；就自然会有高尚的道德情操，引导学生积极向上，健全人格，为教书育人而默默耕耘，乐此不疲；就自然会忙里偷闲，博览群书，严谨治学，教学相长。这样，就自然会达到习总书记所要求的做"有理想信念、有道德情操、有扎实知识、有仁爱之心"的好老师，这样的好老师就是学生所期望的良师，民族兴旺所具有的良师，国家富强所拥有的良师。

"今天的学生就是未来实现中华民族伟大复兴中国梦的主力军，广大教师就是打造这支中华民族'梦之队'的筑梦人。"让我们牢记习总书记的谆谆教导，肩负起民族的兴旺、国家的富强，用一颗爱心去铸就实现中华民族伟大复兴的"梦之队"，努力使自己成为"筑梦人"之良师吧！

2014年11月6日于坝中

注：此文荣获贵州省教育科学院、贵州省教育学会2016年教育教学科研论文及教学设计评选三等奖。

浅谈语文教学中如何渗透法制教育

【摘　要】学校是青少年法制教育的主阵地，而法制教育又是学校德育工作的一项重要内容。从小培养学生法律意识，不仅可以预防和减少学生违法犯罪，更重要的是促使他们养成依法办事、遵纪守法的良好习惯，促进他们健康成长。因此，教学中有意识地向学生渗透法制教育是当今教育教学的重要组成部分。

【关键词】法制渗透；挖掘因素；渗透适度；培养意识

当今社会是一个法制健全的社会，我国也是一个法制健全的国家。因此，全民普法势在必行。学校是青少年法制教育的主阵地，而法制教育又是学校德育工作的一项重要内容，因而法制教育不可忽视。但就目前来说，中小学还没有出台一本法制教材，那么，作为一名教师，如何向学生进行法制教育呢？其实，这一问题教育部门已经早有方案实施了，那就是要求教师从各科教学中去寻找契机向学生渗透法制教育，只不过方法各有不同。在此，我想就中学语文教学如何向学生渗透法制教育，谈谈个人的一点粗浅看法和见解，供同仁参考。

一、对渗透法制教育要有充分的认识

如前所述，我国是一个法制健全的国家，要达到全民普法，人人知法、懂法、守法这样一个良好的社会环境，必然从学生抓取，教师的重任就是要为国家、为社会培养知法、懂法、守法的良好公民。从小培养学生法律意识，不仅可以预防和减少学生违法犯罪，更重要的是促使他们养成依法办事、遵纪守法的良好习惯，促进他们健康成长。由此可见，教师在自己所教学科的教学中向学生渗透法制教育具有深远的重要意义。作为教师必须充分认识到这一点，才能千方百计去挖掘教育因素，向学生渗透法制教育。

二、教师要学法、知法、懂法

人们常说"要给学生一碗水，自己得有一桶水"。因此，作为教师要想向学生渗透法制教育，那自己得知道哪些课文内容与哪些法律法规有关，要知道哪些课文内容与哪些法律法规有关，就必须多看有关法律法规的书，尤其是多了解有关教育方面的法律法规，如《中华人民共和国未成年人保护法》《中华人民共和国教育法》《中华人民共和国教师法》《中华人民共和国残疾人保护法》《中华人民共和国老年人权益保障法》。此外，还要多关注有关自然环境、禁毒以及维护社会治安的法律法规，如《中华人民共和国森林保护法》《中华人民共和国环境保护法》《中华人民共和国野生动物保护法》《中华人民共和国野生植物保护条例》《中华人民共和国禁毒法》等。

教师多看有关法律法规读本，多了解有关法律法规常识，虽然不能像律师那样熟记在胸，运用自如，但能在教学当中结合相关内容向学生适时渗透法制教育，从而对学生起到潜移默化的作用。

三、充分挖掘教育因素，以教材内容为契机

相关法律法规虽然未编入教材，但仍有许多课文内容涉及相关的法律法规，教学时可以进行相关的法制教育。人教版七上中的第1课《散步》是关于亲情教育的，在讲到因走大路还是小路产生了分歧，最后"我"决定走小路，由"我来背母亲、妻子背儿子"时，从而升华了文章的主题"尊老爱幼"。这时就可向学生渗透《中华人民共和国老年人权益保障法》的相关条款，如第十一条"赡养老人应当履行对老年人经济上供养、生活上照料和精神上慰藉的义务，照顾老年人的特殊需要"等；人教版七下中的第5课《伤仲永》可渗透《中华人民共和国义务教育法》第五条"凡年满六周岁的儿童，不分性别、民族、种族，应当入学接受规定年限的义务教育。条件不具备的地区，可以推迟到七周岁入学"。第十一条"父母或者其他监护人必须使适龄的子女或者被监护人按时入学，接受规定年限的义务教育。适龄儿童、少年因疾病或者特殊情况，需要延缓入学或者免予入学的，由儿童、少年的父母或者其他监护人提出申请，经当地人民政府批准。禁止任何组织或者个人招用应该接受义务教育的适龄儿童、少年就业"。第10课《木兰诗》可渗透《中华人民共和国宪法》第五十五条"保卫祖国、抵抗侵略是中华人民共和国每一个公民的神圣职责"等；人教版八上《故宫博物院》可渗透《中华人民共和国文物保护法》第三条"古文化遗址、古墓葬、古建筑、石窟寺、石刻、壁画、近代现代重要史迹和代表性建筑等不可移动文物，根据它们的历史、艺术、科学价值，可以分别确定为全国重点文物保护单位，省级文物保护单位，市、县级文物保护单位"。第七条"一切机关、组织和个人都有依法保护文物的义务"等；

九上《孤独之旅》可渗透：1.《未成年人保护法》第十三条"父母或者其他监护人应当尊重未成年人受教育的权利，必须使适龄未成年人依法入学接受并完成义务教育，不得使接受义务教育的未成年人辍学"。2.《义务教育法》第十三条"县级人民政府教育行政部门和乡镇人民政府组织督促适龄儿童、少年入学，帮助解决适龄儿童、少年接受义务教育的困难，采取措施防止适龄儿童、少年辍学"等。

总之，我们有必要将现行学科的教学进行全面的开发，并把开发出来的法制因素在学科的教学中有机地进行渗透，从而在教学中增加法制含量，加大法制意识培养的力度。因此，教师在向学生传授知识的同时，应当充分挖掘里面的教育因素，把握时机渗透法制教育，从而真正在课堂教学中唱好法制教育的旋律。

四、结合实际，适时适度渗透

要渗透法制教育，首先应充分遵循语文学科教学的规律，根据学科的特点挖掘教材、教法中涉及法制教育的因素。同时还要注意研究法制教育的渗透方法，使学科教学与法制教育两者处在一个相融的统一体中，只有这样才能使语文学科教学中的法制教育收到实效。具体来说可以结合实际，采用以下方式进行渗透：

1.在课文开讲中渗透。如在教学《木兰诗》的开讲时可将《宪法》中的第五十五条"保卫祖国、抵抗侵略是中华人民共和国每一个公民的神圣职责"来作为开讲词导入课文，以培养学生的法制意识，激发学生的学习兴趣。

2.在情境中渗透。创设优美的教学环境和艺术氛围，使学生一进教室就沉浸在法制教育的气氛中，可以将学生思想和情绪立即转移到课堂教学浓郁的氛围之中，使学生产生学习的欲望。

3.在综合性学习中渗透。如在人教版八上第四单元"写作·

口语交际·综合性学习——走上辩论台"中，可以结合校园中存在的早恋现象将教材中的"上网利弊谈"改为"中学生早恋谈"展开一场大辩论，从中向学生渗透《中华人民共和国婚姻法》，让学生依法辩论分析，最后明辨是非，掌握法律知识。

4.在课堂小结中渗透。结课点睛是教师在课堂结束部分的处理上运用的渗透法。一堂课即将结束之际，教师在对课文教学进行言简意赅的结课时，把课上学生所接触的法制因素恰到好处地点上一点，使学生在课堂上形成的一些零碎的、不清晰的对法制的感受，通过教师的指点变得明了起来，这种结课时教师的轻轻一点，往往会给学生脑海里留下深刻的印象，起到"课已尽而意无穷"的效果。

教学中渗透法制教育时，渗透如果"透"得不够，不到位，则会功亏一篑，效果不佳；而"渗"得过度则会改变学科性质，变成法制课，这就要求教学中我们要做到既不可偏颇一方，又能抑扬有节，调度有方，处理好渗透的尺度，做到既到位又不越位，适度而不过度。

法制教育教学中处理好渗透的"点""时""度"至关重要，找准"渗透点"是重点，把握"渗透时机"是难点，掌握"渗透度"是关键。教师只有做到因材施教、寓情于教，适时、适度，点点滴滴、持之以恒地加以渗透，才能有机地熔知识传授、能力培养、智力发展和思想陶冶于一炉，才能充分发挥课堂教学法制教育的主渠道作用。

注：此文荣获贵州省教育科学院、贵州省教育学会2015年教育教学科研论文及教学设计评选三等奖。

班级管理重在"情"

——初中班级管理之我见

【摘　要】班级管理是班主任的主要工作，是学校教育教学管理工作中的重中之重，抓好班级管理就等于抓好学校的教育教学工作管理。至于如何才能抓好班级管理，这可因人、因地、因时而异。但不管怎样，都离不开班主任对该项工作所具有的激情、热情、感情，故曰"班级管理重在'情'"。

【关键词】班级管理；工作激情；教育热情；交流感情

众所周知，班级管理是班主任的主要工作，是学校教育教学管理工作中的重中之重，抓好班级管理就等于抓好学校的教育教学工作管理。然而，在教育教学工作中有许多老师怕当班主任，烦当班主任。当然，也有许多老师想当班主任，乐当班主任。为什么呢？这不难理解，其原因是：前者仅仅把教师当成职业，对班级管理工作缺乏激情，说通俗一点就是对这项工作毫无兴趣。后者是把教师工作当作事业，可以说是既有激情，又有热情，很乐意把这项工作做好。因此，本人认为要想把班级管理工作抓好，主要还在于一个"情"字。

一、对待工作要有激情

激情，是一个人对外在事物的感观反映，是一个人对现实生活和一切劳作所表露出来的信心。也就是说，一个人如果对生活有激情，那么他就有信心战胜生活中的种种困难，就会创造出美好的生活。同样，作为一个班主任，如果他对班级管理这项工作有激情，那他就会有信心战胜工作中的种种困难，就一定会想出很多方法把这个班级管好、带好。苏霍姆林斯基之所以成为世界赫赫有名的大教育家，是因为他热爱学生。他曾说过："我生活中什么是最重要的呢？我可以不假思索地回答说：爱孩子。"还有爱因斯坦有句名言叫"热爱是最好的老师"。他道出了热爱对一个人谋事的重要作用，即：热爱是做好任何事情的基础。热爱能激发人的潜能，调动人的积极性和创造性，使之对事业的完美充满渴求，即便是遭遇困难挫折，也能"衣带渐宽终不悔，为伊消得人憔悴"。我国古代大教育家孔子说："爱之，能勿劳乎？忠焉，能勿诲乎？"孔子说的前者就是讲一个人如果爱上他所爱的人就不可能不去为之而操劳付出嘛。可见从这些古今中外名家的成功之道我们不难看出，只要对所从事的职业当成事业就会有激情，就一定能把这项工作做好，做得完美。因此，作为一个班主任，要想把班级管理抓好，就必须对所带的班级有激情。

二、对待学生要有热情

热情，是待人接物的重要基本素质，是好客的重要表现。我们都知道客人到家，如果主人不热情接待，那客人就不会久留。同样，在班级管理方面，我们更应该把学生当作客人一样对待，不能冷若冰霜，高高在上，否则，学生也会疏远你。为什么呢？其道理很简单，因为你对学生热情，学生就会感恩于你，听从于你，把你当作良师益友，这就是所谓"客听主人安"嘛。再说，热情也是爱的表现，你对学生热情，就说明你热爱学生，你热爱学生，就会与学生结下不解之缘。这样你就会有责任管好他们，教育好他们。进而了解这个班级的学生状态和特点，并根据班级的实际情况制定出切实可行的班规班纪，让学生自觉遵守。著名教育家苏霍姆林斯基说："没有爱就没有教育。"爱需要教育，教育更需要爱。我国现代教育家夏丏尊先生在翻译《爱的教育》时说过这样一段话："教育之没有情感，没有爱，如同池塘没有水一样，没有水，就不成其池塘，没有爱就没有教育。"因此，对学生热情就是爱，爱是教育力量的源泉，是教育成功的基础，是班级管理工作的重要因素。

三、与学生交流建立感情

有些班主任对班级管理所采取的措施很好、很具体，诸如"班级公约""奖惩制度""操行考核实施细则"等等，可班风、学风并不见得很好。班上抽烟赌博的同学照样有，偷东摸西时出现，早恋现象未杜绝，出口成脏成习惯，卫生检查遭点名……为什么呢？许多班主任面对这样的现状只能说这个班学生素质差，太调皮，太难管。殊不知其中还缺少一个重要的因素，那就是师生没有建立感情，学生不买老师的账。那么又如何与学生建立感情呢？本人认为作为班主任，应该从以下几方面入手：

1.多与班干部交流。可针对班集体各种情况，让班干部出谋划策。这样一来使班干部得到老师的信任和重用，有信心协助班主任把班级管理工作抓好，二来使班主任和班干部拉近关系，建立感情，工作轻松。

2.尤其对问题学生要多交流。大家都知道所谓"问题学生"就是那些不守纪律，爱与老师顶嘴，不服从班干部管，大事做不来、小事又不做的同学。这些同学一般来说心胸狭窄，爱斤斤计较，学习也不怎么好。像这样的同学，班主任要拿出足够的耐心与爱心和他们促膝谈心，交流情感。好好开导他们的思想，让他们一来觉得自己在某些方面确实做得不对，需要改正；二来觉得老师还关心他们，没有受到冷落。这样，他们就不会容易犯错，即使偶尔犯错，他们也会感到惭愧，觉得愧对老师的关心，会在老师面前发誓：下不为例！

3.适当开展一些文体活动，利用活动与学生交流情感。作为一个班主任，如果常板着面孔，一味照章办事，按部就班，那这个班级就会死气沉沉，没有活力，缺乏学习主动性和积极性。要想充分调动学生的积极性，那就应该适当开展一些文体活动，如文艺晚会，篮球、羽毛球等各种体育竞赛活动。在活动中，班主任也应该适当展示自己的风采，如唱唱歌、打打球、讲讲故事、猜猜谜语等。总之，你有什么特长就展示什么，这样会与学生增进友谊，增加感情，让学生觉得你是一个既严肃又活泼的人，对你既怕，又敬，还爱。

说到底，在班级管理工作的诸多方法中，总离不开班主任对班集体的一腔热血之情。只要有"情"于班集体，其管理方法自然会有的，大科学家爱因斯坦那句名言"热爱是最好的老师"已经一语道破了。

再说，只要你对教育有热爱之心，就会对工作有激情，就会千方百计走入学生的内心世界，就会成为学生的良师益友，就会认识了解每个学生的个性特征。这样你就会对学生所出现的问题对症下药，并且善于对待，善于琢磨，将会使这个班集体管理得好，将每个学生培养成才。正如苏霍姆林斯基所说：

"我热爱教育工作；因为它的主要任务是认识人，我在工作中首先去认识人，观察他们内心世界的各个方面。如果善于对待和善于琢磨，就能使人成才。"

注：此文荣获贵州省教育科学院、贵州省教育学会2017年教育教学科研论文及教学设计评选二等奖。

参考文献：

苏霍姆林斯基.给教师的一百条建议[M].杜殿坤，译.北京：教育科学出版社，1984.

层次教学，利多弊少

——浅议初中阶段分层次教学

【摘　要】自从国家义务教育实施以来，小升初成了赶鸭子翻田坎的惯例。诚然，普及义务教育是好事，毕竟能让所有少年儿童接受九年义务教育，实现教育公平。然而，作为教师，尤其是初中教师，站在讲台上是无法实现教育公平的。因为学生就像泥鳅跟黄鳝一样长短不一，而且悬殊，根本无法实施均衡教育，故而有必要实施分层次教学。

【关键词】层次教学；因材施教；能力纷呈；利多弊少

众所周知，自从国家义务教育实施以来，小升初成了赶鸭子翻田坎的惯例。诚然，普及义务教育是好事，毕竟能让所有少年儿童接受九年义务教育，实现教育公平。然而，作为教师，尤其是初中教师，站在讲台上是无法实现教育公平的。因为学生就像泥鳅跟黄鳝一样长短不一，而且悬殊，根本无法实施均衡教育。因此，笔者认为很有必要实施分层次教学，尤其是初中阶段。那么，如何实施分层次教学？分层次怎么教学？实施分层次教学有哪些益处？本人想就此问题试发表一些粗浅的看法。

一、初一阶段就分好学生层次

初一新生是参差不齐的，可呈现在天生素质、思想表现、学习成绩等方面。因此，初一阶段是学生层次划分的最佳阶段，可将学生划分为慢班、中班、快班三个等级。至于划分的方法可以有两种方式，一是以小升初的成绩划分；二是在进校通过一两个月的观察、考试后再划分。无论是哪种方法，建议都将非常调皮、纪律差、学习成绩差的学生分为慢班，将学习成绩一般、比较守纪律的学生分为中班；将天生素质高、控制能力较强、学习成绩优秀的学生分为快班。但第一种划分法很难达到分班的要求，除非先向小学六年级的班主任和科任教师调查了解，否则只能片面地以升学考试成绩来分。

这是分班的要求和甄别问题。此外，关于班额的大小，要视具体的升学人数来定。一般来说，升学人数在100—300人，慢班和快班只能分别设一个，而且人数只能在20—30人，那中班可设2—4个，每个班人数在30—60人。如果人数超过300，那就视其情况来定。总之，分层次班额必须是两头小，中间大，这样才能便于辅导管理和有效提高。

二、分好层次，因材施教

分好层次后应该针对学生的不同层次因材施教，即在教学方法、知识目标、培养目标等方面均有所不同。本人认为对不同层次的学生应采取下列教育教学措施：

慢班：在知识方面应首先对小学知识查漏补缺；其次只能重点讲练初中的基础知识，其他视情况可讲可不讲。在教学方法上应多开展各种有益的文体活动，用有趣的活动来调动学生的学习兴趣。如文娱晚会、班内各种知识竞赛、校内体育活动、校外实践活动等。在培养目标方面应首先着重培养学生学会做人，学会处事，学会感恩，学会生活，学会遵章守纪，学会知法守法；其次向中等职业技术学校输送合格的人才。

中班：在知识方面首先复习巩固小学基础知识；其次重点讲授初中各科知识。在教学方法上应注重学习，加强训练。在培养目标方面应着重培养学生学会学习，学会竞争，团结协作，努力奋进，向普通高中输送合格人才。

快班：在知识方面除应掌握的初中知识外，还应对知识的延伸多进行训练。在教学方法上要善于挖掘学生的潜力，培养学生开拓进取、知难而进的精神，对一些高难题要敢于攻关，突破难关。在培养目标方面应着重培养学生具有志存高远、精益求精的思想，勤学苦练，持之以恒地努力奋斗，争取向重点高中迈进。

三、分层次教学的考核和激励机制

层次教学虽然便于因材施教，但毕竟对教师和学生的自尊心会带来负面影响。尤其是慢班，作为教师，谁乐意去教？作为学生，谁想分在这个班？因而，这就必须要求学校拿出一套具体的切实可行的考核方案和配套的激励机制，并认真履行。笔者认为下列方案可以参照制定施行：

1.对教师的工作考核可实行好搭差、中单独的方式任教师选择。即上一个快班搭一个慢班就算满工作量，其教学成绩就是将两个班的加起来平均算。那么上中班的就单独算。

2.在评优晋级方面，作为慢班的班主任和科任教师，其教育教学成绩与其他班在同等条件下要优先考虑或加倍奖励。

3.学校要为慢班的学生增设一条进步奖，规定考试成绩或纪律卫生检查等达到一定的要求或超过一定的要求，应予以奖励。

4.对学生采取流动式班学籍管理，即每月根据月考成绩、在校表现等情况可调整到慢、中、快班。对进步者要奖励，对下降者要给予警示和鞭策。

四、实行分层次教学，利多弊少

实行分层次教学，无论对学生还是教师，都是有益处的，而且益处是很多的，这里不妨列举一下：

1.教师好教，学生好学。作为教师，因为一个班的学生都处在同一层次上，故在传授知识方面不瞻前顾后，能做到目标统一，要求一致，这样就好备课，好上课。作为学生，因为慢班、中班、快班的学习要求层次不同，每个层次的班级同学均处在同等条件下竞争，可以互相探讨，互相学习，不因能力高低而自卑，相反能增强自信，增强竞争意识。

2.可以因材施教，对症下药。如前所述对于不同层次的学生可以采取不同的教育教学方法，使其得到更快更好的教育补给。如：慢班的学生一般都是思想表现差和学习差的双差生，作为科任教师和班主任首先要搞好学生的思想教育工作，其次才是抓学生的学习成绩。

3.有利于培养学生的兴趣爱好和特长。众所周知"物以类聚，人以群分"，我们分层次教学基本上也是这样。一般来说，学习不好、纪律不好的同学都比较好动，如劳动、文体活动等。而成绩优秀、纪律良好的同学就喜欢看书学习。因此，我们在慢班可以多开展一些文体活动，以活动来调动学生的学习积极性，而在快班就多为学生搭建学习竞赛的平台，让他们不断得到自我展示。这样，学校成立的"足球队、篮球队、文艺队、英语组、写作组、书画组"等各种兴趣小组也许就不必到各班去"抓壮丁"了。

4.有利于学校教育管理。对于各层次的班级,无论是值周教师还是班主任,都能对不同层次的学生有一定的了解。因此,对各班的教育管理侧重点就不同。如对慢班就侧重于遵章守纪的教育监管;对于中班就可侧重于养成习惯的教育;对于快班就可侧重于诚信做人的教育。

当然,分层次教学也存在一些弊端,如有的学生被分在慢班会有自卑感,有的教师教慢班会懈怠、不思进取等。但这些都可因人而异地制定一些激励措施来防止和避免。

综上所述,本人认为分层次教学利多弊少,倘若能认真努力实施,必定会给学校的教育教学质量和校风校纪带来良好的效果。

浅谈在班级管理中的励志教育

——初中班级管理之我见

在班级管理中我相信在座的诸位都各有自己独特的方法和措施，但我认为不管采取什么方法和措施，其中励志教育必不可少。故本人在今天的教师论坛中将励志教育作为一个论题来谈一点粗浅的看法，并将自己在班级管理中如何践行励志教育的一些体会与大家共同分享。

一、有志者事竟成

俗话说"有志者事竟成"，宋代著名理学家、思想家、教育家朱熹说："百学须先立志。"其实谁都知道古今中外的名人名家，之所以能有所成就与他们从小立志有关。当然，也未必所有的有志者都能有所成就。不过，至少他能将自己的所有潜能挖掘出来，不断超越自我。因此，我们要想让学生尽其所能去学习，那就只有先让他学会立志。也就是朱熹所说的"百学须先立志"的原因。

二、"立志"后还需"励志"

"立志"不等于"励志"，这是两个不同的概念。前者是立定志向，后者是奋发志气；前者是基础，后者是保证。但两者是紧密相连而相辅相成的。这就是说"立志"仅仅是个体愿望要达到的目标，要想实现这个目标，还需要有一种力量来驱使自己把精力集中在这方面，坚持不懈地去追求、去奋斗，这样才能做到矢志不渝，实现目标。因此，无论个体还是群体，都需要励志教育。那么，何为励志教育？励志教育的方式有哪些呢？这就是我们要具体面对的问题。

三、励志教育面面观

所谓励志教育，就是要通过各种方式来唤醒自己或受教育者的所有潜能，以及精神和力量，激励其朝着既定的目标奋力前行。这样看来，励志教育可分为两种，一种是个体励志；一种是群体励志。个体励志一般是多读一些名人名家成长故事之书而受到启发，或是自选一些名言警句作为自己座右铭，苏联作家奥斯特洛夫斯基的名著《钢铁是怎样炼成的》中曾有这样一句名言："人最宝贵的东西是生命。生命对我们只有一次。一个人的一生应当这样度过：当他回首往事的时候，他不因虚度年华而悔恨，也不因碌碌无为而羞愧——这样，在临死的时候，他能够说：'我整个生命和全部精力，都已献给世界上最壮丽的事业——为人类的解放而斗争。'"这是小说中的主人翁保尔·柯察金的名言。这一名言曾经影响了那个世纪一代又一代的青年，成为有志青年的座右铭。

至于群体励志所采取的方式方法是多方面的，一般来说主要有两方面，一方面是营造环境氛围；一方面是通过誓言誓词的宣誓来达到激励的效果。大家是否留意观察到我们麻江县城目前生意比较红火的是哪家饭馆呢？应该是盘江饭店和仁和饭店吧。这两家饭店除了店内装饰有一些美食文化氛围外，每天早上8：00前所有员工就列队门前在老板的安排下进行誓词宣誓，并做好一天的工作安排。这就是要求员工和激励员工要以饱满的精神和热情去迎接每一天。可想而知老板的营生理念就是只有对生活充满信心，充满朝气，生意才能红红火火。那么，一所学校、一支部队，甚至一个国家何尝不是这样呢？当你看到天安门前36名飒爽英姿的护旗手迈步走向旗台，随后听到雄壮嘹亮的国歌声伴随五星红旗冉冉升起的时候，你是否会感到有一种精神力量在震撼着你；当你看到国庆大阅兵那一支支整齐的方队经过天安门前的精彩场面时，你是否会因祖国的强大而自豪呢？我想一个具有一定文化素质和一定爱国思想的中国人没有不被震撼和感到自豪的。因此，如果一所学校认真搞好每周的升降旗仪式，又何尝不是一种很好的励志教育呢？

四、班级励志教育的途径及作用

不同的行业有不同的励志教育，对于教育这个行业来说，班级管理的励志教育应该从哪些方面着手呢？以下就是我作为班主任多年来的做法和切身体会。

首先，我每接手一个班级就有一个新的打算，同时也要让每个学生在自己心里有新的打算，这就是先立志。

其次是布置教室、寝室文化，营造学习氛围。在初一上学期我就开始对本班教室、学生寝室的文化装饰进行精心布置，力求达到三年不变。内容大致如下：

教室方面有：班级三年的奋斗目标；有关学习、立志、做人等方面的名言警句；有关班级团体精诚团结、积极向上、努力拼搏的誓词。

寝室方面有：门牌号的设计命名；寝室公约；为人处世等方面的名言警句。

上述这些内容一般不用打印成品和订购成品，而是本班师生用自己的书法、绘画作品来装饰。这样才更有文化品位。

其三，创作班歌唱班歌，以班歌来激励学生。我从2011届起就开始创作班歌，每一届都在进初一的上学期或下学期初就完成歌词的创作，并找音乐老师谱好曲。

其四，办好黑板报，也是励志教育的一条途径。初一、初二每月一次，初三每学期1—2次。自我体会办好黑板报有两大益处：一是培养学生的审美能力和搜集筛选资料信息的能力，二是陶冶学生情操和增长学生才智。

其五，初三阶段重誓词宣誓，重中考拼搏氛围的营造。包括晨跑口令的呼喊、升旗仪式唱国歌声音是否洪亮有力等，都对学生起到潜移默化的励志作用。

其六，适当开展一些文娱晚会和校外实践活动。文娱晚会不光单独给学生放松娱乐，还要让学生在活动中长智长才，不断提高思想品德素质。可以结合一些有意义的节日来开展，如在"五四青年节"和"一二九运动"纪念日到来时，可开展以"弘扬爱国主义精神"为主题的文艺晚会活动，让学生通过唱红歌、讲革命故事来增强爱国意识。此外，开展校外实践活动也对学生的励志教育大有裨益。我每接手一个班从初一到初三都开展过校外实践活动，只是这一届初三因为疫情可能开展不了了。但从2008届到现在即将毕业的这一届，每届至少都开展过三次以上，开展的方式都不尽相同。如春游千亩草场、仙人桥、斗篷山、贵定县金海雪山等，参观贵定一中、凯里一中、凯里民中、瓮安猴场会议会址、下司古镇、夏同和状元故居等，还有热爱大自然野外主题班会，以及增强生存意识的野外烧烤、野炊等活动。

励志教育的途径是多种多样的，但不管走哪一条，只要能对学生起到增加正能量的作用，就是一条可取的途径。

对于上述这些方法途径的作用我是深有体会的。就拿本届我带的九（4）班来说吧。

这个班大家也知道，虽说是尖子班，但前15名的尖子生已走光了，只有前16—33名留在本校就读。进校成绩最好的是名列全县第130名（王庭云）和158名（郑传慧）。成绩好不好是一回事，最恼火的是这个班大多数同学的思想素质较差，为人处世的能力较差。他们不懂得礼貌待人、不懂得待人接物、不懂得如何感恩、怕苦怕累、自控能力差。尽管我已采用了上述的励志教育方法，但效果都不怎么好。尤其到了初二阶段，大多数女生变得性格古怪，经常与本班主任和科任教师顶撞，甚至走入早恋之路。虽然我常利用班会课教育他们，并指出了早恋的危害，还开展了"早恋是学习上的头号敌人"主题班会活动，但有的同学不仅没听进去，反而在周记本里说我思想陈旧，不与时俱进。因为在过去生活条件差，身体发育不正常，所以不能早恋，而现在生活条件好了，发育正常了，可以早恋啦。出现这样怪现象我也没有气馁，仍然采取讲名人名家成长的故事、搜集励志名言来给予教育，设法把寝室布置得更温馨一些，给教室装饰得更优雅美观一些，营造出团结拼搏、积极向上的学习氛围。所幸到初三上学期还是有了较大的改变。可以这么说，从初三上学期开始，大多数同学已学会惜时如金、刻苦努力学习了，能基本上做到入室即静、入座即学的程度。部分同学学会吃苦、学会加班加点学习了。本班英语、数学成绩比在初二时有了较大的提高（当然这与科任教师的辛勤努力也有很大的关系）。本学期根据学校的要求，我又给本班教室增添了新的装饰内容，将第一次在足球场进行模拟考的图片配上宣传标语："不苦不累，初三无味；不拼不搏，等于白活！"将班级誓词宣誓的图片配上宣传标语"挑战中考，争分夺秒；铮铮誓词，拼力赛跑！"这样营造了备战中考的紧张氛围，有利于激发学生的积极拼搏精神。

俗话说："教有方法而教无定法。"因此，有关励志教育的方法是不胜枚举的，今天我在此班门弄斧，只不过是自己在教育教学实践中的一孔之见，也只不过是一来为了抛砖引玉，二来为了完成学校布置的任务。耽误大家的时间了，谢谢大家的聆听！

2020年4月18日

注：此文为坝芒中学首届教育教学论坛交流稿。（但后因论坛会未开成而未作交流）

何谓光荣与可耻

——关于学校开展厉行节约之我见

目前举国上下正开展"光盘"行动，倡导"厉行节约、反对浪费"的社会风尚。作为学校应理所当然地教育学生提倡节约，反对浪费。然而，要想从根本上杜绝铺张浪费的现象，那就得从如何提高学生的思想素质抓起，让广大青少年清楚地认识到何谓光荣，何谓可耻。

提到光荣与可耻，也许有不少少年儿童甚至成年人都会认为这是一个很简单的问题，根本不值得一谈。他们会毫无疑问地回答道：谁不知只有那些为国争光、为国贡献、艰苦创业、勤劳致富、乐于助人等事迹，才是最光荣的呢？谁不知只有那些违法乱纪、危害国家、危害社会、祸国殃民、损人利己等现象，才是最为可耻的呢？诚然，这些光荣与可耻是众所周知的。然而，在我们这个衣食无忧、安居乐业的当今盛世，一些不以为耻，反以为荣的现象比比皆是。诸如有的人请朋友在餐馆吃饭，两三个人却点了五六个人都吃不完的菜，花钱多不讲，还劳烦餐馆里的服务员难以收拾；有的人有红白喜事就大摆酒席，一桌丰盛的佳肴客人都吃不到三分之二就当残汤剩菜倒掉了。像这样的现象在客人们的眼里只有少数人认为太浪费了，太可惜了，而大多数反而认为主人家大方、有钱，还很羡慕呢。当然主人不用说就好像自己脸上显得很有光彩了。反

之，如果扣斤掐两地安排，就会遭人背后说什么"这家人太吝啬""这家人太穷了"等闲话而被人瞧不起。这就是当今社会一些人的荣辱观。从学校来讲，食堂每天早、中、晚餐浪费的现象也是比较严重的。按规定本来是吃多少，舀多少，可大多数学生就是喜欢舀很多，吃不完就倒掉。在他们看来不吃白不吃，反正节约也不进自己的腰包，甚至还认为节约了不是好管学校领导，就是好管食堂工人拿回家去喂猪。因此这些同学即使看到了水龙头未关好也不会主动随手关，看到白天走廊、厕所等公共场所电灯泡还在亮也不会主动随手将开关关上。因为他们总认为节约也不会有一分一毫进自己的腰包，节约只有好管学校。

上述种种现象表明，铺张浪费的现象来自社会上一些人不正确的荣辱观、人生观和世界观，学生也从中受到极大的不良影响。因此，要想坚决杜绝铺张浪费，让全校形成"节约光荣，浪费可耻"的新风尚，本人认为应从以下几个方面抓起：

一、大力加强对中小学生思想道德品质的教育

俗话说，成绩不合格是次品，身体不合格是废品，思想不合格是危险品。学校是培养社会主义建设者和接班人的重要之地，显然应该把思想教育放在第一位。那么，如何抓好学生的思想道德品质教育呢？

首先，学校应要求思想品德（道德与法治）科任教师在教学中要根据教材内容拓展延伸到社会生活中去，要将社会生活中的铺张浪费现象跟学生剖析到人的道德品质方面去。如随意糟蹋浪费粮食不仅仅是浪费的问题，还是缺德的问题。缺什么德呢？缺的就是不珍惜劳动人民的辛勤劳动成果，缺的就是不尊重劳动人民。要让学生真正懂得"颗米不成浆"的辛劳，真

正懂得"谁知盘中餐，粒粒皆辛苦"的含义。

其次，各班主任应充分利用班会课有意识的向学生进行厉行节约方面的思想教育。在这方面方法是多种多样的，如可开展"'荣辱观、道德观'辩论会"，亦可以通过播放战争年代艰苦奋斗影片，或讲解勤俭持家、勤俭建国等故事的形式来向学生进行革命传统教育和中华传统美德教育，并适当开展有关这方面的主题班会活动，让学生从中受到潜移默化的"荣辱观、道德观"的良好教育。

其三，学校应将学生思想政治教育列为学校工作中的重中之重来抓。一是可在楼道、围墙等公共场所显著位置建设有关荣辱观、道德观，以及节约光荣、浪费可耻等方面内容的固定标语，将校园文化打造成一个良好的育人环境；二是可通过讲故事、演唱歌曲、打快板、说相声、演小品等形式，适当开展以"节约光荣、浪费可耻"为主题的文娱活动；三是可将荣辱观、道德观、节约光荣、浪费可耻等方面内容列入班级评优、个人评优的考核内容之一。

其四，学校应该充分利用每周升旗仪式中旗下讲话这一环节，将荣辱观、道德观、节约光荣、浪费可耻等方面内容作为重点内容来讲，让全校师生经常耳濡目染，知荣辱、明是非、辨美丑，这样才能便于师生们树立正确的世界观、人生观和价值观。

二、学校应将社会主义荣辱观作为校训内容之一

社会主义荣辱观是2006年3月4日，中共中央总书记胡锦涛强调提出的一种伦理思想，其具体内容是：

以热爱祖国为荣，以危害祖国为耻。

以服务人民为荣，以背离人民为耻。

以崇尚科学为荣，以愚昧无知为耻。

以辛勤劳动为荣，以好逸恶劳为耻。

以团结互助为荣，以损人利己为耻。

以诚实守信为荣，以见利忘义为耻。

以遵纪守法为荣，以违法乱纪为耻。

以艰苦奋斗为荣，以骄奢淫逸为耻。

可以看出末尾一句"以艰苦奋斗为荣，以骄奢淫逸为耻"是与"节约光荣，浪费可耻"息息相关的。因此，全校师生应该唱好"社会主义荣辱歌"，不仅要将社会主义荣辱观牢记在心，还要深入理解并落实到行动上。只有这样才能知荣辱，才能明是非，才能辨美丑，才能让学生端正好自己的荣辱观、人生观、世界观，才能增强"节约光荣，浪费可耻"的意识。

三、积极开展社会实践活动，让学生真正体味劳动的艰辛

当代学生生活条件都很好，许多都是锦衣玉食，身在福中不知福的纨绔子弟。为此，学校应该在每学期中适当开展一些社会实践活动，如组织学生到田间帮助农民收割稻谷、到工厂观察工人上班的辛劳情景等，让学生真正能体味到劳动人民的辛苦劳作，真正能体味到"谁知盘中餐，粒粒皆辛苦"的深刻含义。

四、重视捐资助学活动的宣传教育

虽然我们处在国家昌盛、民族富强的和平幸福年代，但这个社会乃至世界还是贫富不均的。因此，富者可以资助贫者，这是一种美德；强者可以拯救弱者，这是一种关爱。这方面的事例很多，尤其是沿海发达地区有许多好心人士都纷纷向我省及中西部落后地区伸出援助之手，捐资助校，捐资助学的好人好事层出不穷。作为学校应适时抓住这个良好的育人时机向学生进行爱心教育及道德品质教育。同时，也要在学生中开展向贫困学生捐助活动，让学生不仅不忘好心人，还要学做好心人。通过这样的教育活动，学生就会间接地意识到节约光荣，浪费可耻。

综上所述，本人认为乃是从治本方面来开展厉行节约的有利途径。只有从思想上得到根治，让学生树立正确的人生观、世界观、价值观、道德观、荣辱观，才能真正认识和理解什么是光荣，什么是可耻；才能真正杜绝浪费之风，使校园真正形成"我节约，我光荣"的良好风尚！

2020年10月

注：此文在2020年12月10日获麻江县"我节约我光荣"主题征文竞赛三等奖。

（二）教学设计、教学案例选

《大自然的语言》教学设计

（人教版八年级《语文》上册第16课）

【教学目标】

1.知识与技能

（1）整体感知课文内容，了解全文的说明结构。

（2）了解全文的说明顺序，掌握本文所采用的说明方法及作用。

（3）品味本文准确严谨、生动优美的说明语言。

2.过程与方法

（1）通过速读课文，从文中提取信息，概括要点。

（2）采用自主、合作、探究的学习方式。

3.情感态度与价值观

使学生了解物候现象，学会在生活中运用物候知识，激发学生热爱大自然进而认识和了解大自然的热情。

【教学重难点】

重点：掌握全文说明结构和说明顺序，学习本文准确严谨、生动优美的说明语言。

难点：学习本文准确运用语言和清晰的条理进行说明的方法。

【教学准备】

课前搜集有关物候现象的图片资料或视频，以便让学生观看和理解物候现象。

课时安排：2课时

【教学过程】

第一课时

一、创设情境，导入新课（2分钟）

1.多媒体显示：春夏秋冬、鸟语花香、草木枯荣的景象。

2.导语：春夏秋冬，斗转星移；草木枯荣，候鸟去来，大自然丰富多彩。那么，这些丰富多彩的物候现象与人类有何关系呢？今天，让我们一起走进现代卓越的气象学家、地理学家竺可桢的《大自然的语言》，去聆听大自然的语言，相信我们会得出具体的答案。

二、走近作者（2分钟）

竺可桢（1890—1974），浙江上虞人，是我国现代卓越的气象学家、地理学家。他一生在气象学、气候学、地理学、自然科学等方面都有很高的造诣，是我国现代物候观测网的倡导者和组织者，被誉为"品格和学问的伟人"。著有《我国五千年气候变迁的初步研究》《物候学》等。

三、检查字词预习情况（5分钟）

1.掌握下列加点字的正确读音：

翩然（piān）　　孕育（yùn）　　簌簌（sù）

匿迹（nì）　　　连翘（qiáo）　　风雪载途（zài）

2.解释下列词语：

次第：一个挨着一个地。

翩然：动作轻快的样子。

孕育：怀胎生育，用来比喻酝酿着新事物。

簌簌：纷纷落下的样子。

销声匿迹：原意是不公开讲话，不公开露面。这里指昆虫都无声无息、无影无踪了。

风雪载途：风雪满路，遍地的意思。

衰草连天：远望遍地衰败的草和天相连。形容枯草多。

草长莺飞：形容春天美好的景象。

周而复始：形容不断地循环往复。

年年如是：年年都是这样。是，这样。

四、速读课文，整体感知（20—23分钟）

1.指导学生阅读课文，思考回答：

（1）标题"大自然的语言"采用的是什么修辞手法？在文中指什么？

（2）根据课后"研讨与练习一"回答：

①什么叫物候和物候学？

②物候观测对农业有什么重要意义？

③决定物候现象来临的因素有哪些？

④研究物候学有什么意义？

2.学生课上交流后教师明确：

（1）标题采用了拟人和比喻的修辞手法，通俗易懂。在文中指的是大自然的物候现象，如草木枯荣、候鸟去来等，标题"大自然的语言"实际上是"物候现象"的形象化的说法。

（2）①花香鸟语、草长莺飞这些自然现象，我国古代劳动人民称它为物候。利用物候知识来研究农业生产，就是物候学。

②物候反映气候条件对生物的影响，应用在农事活动里，比较简便，容易掌握。

③纬度、经度、高度下的差异和古今的差异。

④预报农时，选择播种日期；安排农作物区划，确定造林和采集树种的日期；引种植物到物候条件相同的地区；避免或减轻害虫的侵害；便利山区的农业发展。

五、合作交流（10分钟）

1.决定物候现象来临的四个因素的说明顺序是怎样安排的？这样安排有什么好处？

【点拨】作者把决定物候现象的四个因素按照影响程度，由大到小，依次排列。

2.全班朗读课文第三部分。提示：本文是说明文，朗读时节奏要舒缓，语气要平实。

3.就整篇文章而言，其说明顺序是什么？

学生交流后，教师明确并板书：

大自然的语言

现象　　　　逻辑顺序　　　　本质

| 描述物候现象 | → | 作出科学解释 | → | 追究因果关系 | → | 阐述研究意义 |

六、课堂小结（2分钟）

《大自然的语言》是一篇事理说明文，主要向我们介绍了物候学的知识和研究物候学的重要意义。本文从具体、生动的物候现象说起，条理分明地说明了物候现象的特征、成因和意义。

七、作业布置（1分钟）

1.抄写课后词语。

2.进一步熟读课文，思考课后练习二、三题。

第二课时

一、温故知新（5分钟）

1.听写课后词语。

2.导入新内容：上节课我们已整体把握了文章的内容，这节课，我们将重点了解本文的说明方法和分析本文的语言特点。

二、合作交流：本文主要采用了哪些说明方法？（5分钟）

学生交流后教师明确：

本文主要采用了作比较和举例子的说明方法，如第7、8自然段运用作比较的说明方法，具体说明了由于纬度、经度不同，南京与北京的桃花开放期限不同，沿海地区与内陆地区的春天来临期限也不同。在7—10自然段都运用了举例子的说明方法，具体说明了决定物候现象来临的四个因素。此外，还运用了下定义（如关于什么叫物候和物候学）、引用（如引用谚语）、列数字等说明方法。

三、合作探讨、品味交流本文的语言特点（25—30分钟）

1.研读第一自然段，思考回答：

（1）第一句运用了什么修辞？有什么作用？

（2）末尾一句在本段和全文中起什么作用？

（3）本段是按什么说明顺序来说明？作者在写四季时抓住了各季节的哪些特点？文中哪些词语运用得准确生动？试说说它们的好处。

2.学生交流后教师明确：

（1）这一句运用了拟人的修辞手法。句中的"沉睡""苏醒"是拟人的手法，运用拟人显得亲切动人。

（2）末尾一句既是对本段的总结，点明四季变化是有规律性的，又是在全文中起到承上启下的过渡作用。

（3）本段是按春、夏、秋、冬的时间顺序来说明的。作者抓住了以下季节的不同特点：

春天："冰雪融化""草木萌发"，繁花"次第开放"；夏天："植物孕育果实"；秋天："果实成熟""叶子渐渐变黄""簌簌地落下"；冬天：昆虫"销声匿迹"，到处"衰草连天""风雪载途"。

文中"萌""次第""渐渐""簌簌""载"等词语用得准确生动，"萌"字准确地反映了草木开始生长的状态；"次第"贴切地表现了花开的次序，渲染了春天的气息；"渐渐"确切地表达了叶子枯黄的过程；"簌簌"模拟风吹落叶的声音，使人感到有声有色，让人如闻其声，如见其景。

3.指明朗读第二自然段，然后全班同学思考交流：

（1）"杏花开了，就好像大自然在传语要赶快耕地；桃花开了，又好像在暗示要赶快种谷子。布谷鸟开始唱歌，劳动人民懂得它在唱什么：'阿公阿婆，割麦插禾。'"（能将"赶快种谷子"后面的句号改为分号吗？为什么？）

（2）这三个例子说明什么道理？（结合课后练习二回答）

【学生交流后教师明确】：

（1）不能。因为杏花、桃花二者是植物，而布谷鸟是动物，两种不同类型的物候现象不适合在一个句子里说。再说，前一句说的是春季的物候，后一句说的是夏季的物候。第三，前后两句句型也不同。

（2）说明一些普通的自然现象，在农业生产那里起着预报农时的作用。

4.指明朗读第5自然段，然后全班同学思考交流：

"北京的物候记录……刺槐的花期比1961年迟十天左右"一句中"左右"一词能否去掉？为什么？

【学生交流后教师明确】：不能。因为"左右"表示约数，比"十天"稍多或稍少，如果去掉了，就成了刚好"十天"，与实际情况不符。这体现了说明文语言的准确性。

5.指名朗读第8自然段，然后全班同学思考交流：

"凡是近海的地方，比同纬度的内陆，冬天暖和，春天反而冷。"一句中的"凡是"一词能否去掉？为什么？

【学生交流后教师明确】：不能。因为"凡是"是总括某个范围的一切，用在此处表示无例外。这也体现了说明文语言的准确性。

6.让学生再找出类似的文中能体现说明文语言准确、周密的词语来共同交流。

【小结】：从以上句子的分析可以看出，写说明文就要注意语言的准确性、周密性。

7.从下边两题中选做一题（课后练习第三题）。

（1）采集几则农谚，说说它们包含的物候知识。

（2）朗诵《大林寺桃花》一诗，你有过与诗人类似的观察和体验吗？说给大家听听。

【点拨】：有过在初春爬山经历的同学，可能曾留意到山上的树木比平地上的树木发芽晚。

四、课后小结（2—3分钟）

本文说明了物候学研究的对象、物候变化的一些规律和研究物候学的意义，提倡进一步加强对物候现象的观测和研究，促进农业生产的发展。通过学习，我们不仅懂得这一知识和道理，还学习到了本文介绍丰富生动的物候现象很有条理，语言十分准确而生动形象。

五、作业布置（2分钟）

课后搜集有关物候现象方面的资料和阅读有关科学方面的说明文。此外，用你的慧眼、心灵去发现、倾听大自然，用你的妙笔去记录大自然的语言（用准确生动富有科学性的语言写一篇观察日记）。

六、课后教学反思

教学是师生互动的过程，要想师生互动得好，首先作为教师先"动"，其次才使学生"动"。教师动得好，学生才动得好。那么教师的动就首先在于课前必须精心做好教学设计，这一点本人已尽力了。因此在第一堂课，由于我提前指导学生做好预习，并作了精心的安排和布置，故而上起课来还比较得心应手，学生比较积极主动回答问题，师生互动得好，其教学效果还不错。第二堂课也算基本能顺利完成教学任务，但在品味语言特点方面，部分学生还是感到困难，主要是表达不出用词好在哪里，说不出其所以然。当然，这也是由于我们边远山区孩子的基础较差。看来，今后我还得在此方面多花点功夫来训练，这样才能有效地提高自己的语文教学质量。

2012年11月

注：此教学设计为"国培计划（2012）—贵州省农村中小学骨干教师远程培训"上交的作业，并被评为"优秀教学设计"。

"青春期健康教育"教学设计

——坝中2014级八（4）班主题班会

【活动宗旨】青春期是人生黄金期，同时也是人生叛逆期，人生在此犹如走进迷宫，出得来者方可成为大写之人，出不来者将会葬送青春。故此，特开展此主题班会活动，作为师者、长者理应将过来之道向同学们授业解惑，让同学们健康成长，以便将来才能报效家国，使国家方能后继有人。

【开展时间】2015年11月8日第一、二节晚自习。

【活动过程】

一、导入

亲爱的同学们：德国著名思想家、作家、科学家歌德曾有诗曰："青年男子谁个不钟情，妙龄女子哪个不怀春？这是人性中的至洁至纯。"然而，在这美妙而短暂的青春年华里，如果我们不能把握自己，就会葬送自己的青春。因此，很有必要跟同学们召开一次"青春期健康教育"主题班会。希望同学们努力配合，认真聆听，并在活动中能发表自己的感言和观点。

二、讲述何谓青春期

青春期从什么时候算起？一般说来，我国青少年，从十三岁到十七八岁，是青春期；从十七八岁到二十四五岁，是青春后期，或叫青年期。从广义上来讲，青春期和青春后期都可以叫做青春期。由于遗传、体力活动、营养和疾病等因素的影响，有早熟和晚发育等例外情况。青春期和青春后期之间的区别，只是发育成熟程度上的不同。如果说，青春期已具有发育的雏形，那么青春后期就使这种发育更加完善，接近完全成熟。

青春期是人体生长发育的第二个高峰期，如生理上发生巨大变化，身高、体重迅速增长，各内脏器官如心、肺、肝脏功能趋向成熟，各项指标达到或接近成人标准。因为青春期生理上的巨大变化，青少年在思想上往往难以承受，所以伴随许多心理上的变化。这时期开始对异性爱慕，思维迅速发展，世界观人生观逐渐形成。对自然现象、社会现象的理解能力不断提高，但尚不成熟，缺乏社会经验，易受周围环境的影响。

青春期是人生中最重要、最宝贵的时间，是身体成长的转折关头，是身体健康的定型阶段，应十分重视。青少年应该了解自身的变化，做好心理上的准备，注意营养和适当的运动，以顺利度过这一美好时光。

三、分析青春期误区

1.盲目追求异性，步入"早恋"

由于机体的发育心理活动的发展以及客观环境等影响，少年逐渐产生了对异性的爱慕，求偶心理开始萌发。但他们受知识结构、认识水平和生活阅历所限，对爱情的认识尚是肤浅而朦胧的，因而显得幼稚和不成熟。有的跃跃欲试想寻找机会体验一下恋爱滋味，于是就会出现早恋、多角恋爱等不良现象，并以此为荣。

2.好奇、好胜、有虚荣心

就是用片面的虚荣去满足自己某种好奇、好胜及自我表现的心理欲望。如吸烟、喝酒等，主要原因是好奇心所驱使，认为这样能使自己像个大人，容易交到朋友，更显得轻松、潇洒、大方，还有好胜和所谓的"心理叛逆性（亦称逆反心理）"。有的女孩子过分追求穿戴打扮，未走上社会就强调高消费，这种不良心理若任其发展，就有可能走入歧途。

3.精神文化生活的不满心理

认为自己的现实生活与书本、影视中的生活方式差距甚大，文化生活内容贫乏，或是被日益沉重的学习负担压得喘不过气来，无暇享受文化生活的乐趣等等。枯燥而单调的生活满足不了自己对精神文化的需求，产生不满或厌倦心理。为了充实自己的精神生活，他们就会"饥不择食"地盲目去社会上寻求精神刺激和所谓欢乐。可想而知，如果任其发展，将会产生什么样的后果。

4.贬低自己的自卑心理

自卑是青少年性格发展过程中的一种缺陷，贬低了自己的能力和品质，同时可伴有一些特殊的情绪体验，诸如羞怯、内疚、悲忧、自责等。自卑心理往往会影响人际关系，从而又反过来加深自卑感。如：经常考试分数偏低、经常挨批评，甚至身材、长相不好（如偏高、偏矮、偏瘦、偏肥、偏黑或丑陋等），家庭贫寒等，都可能成为产生自卑心理的原因。自卑心理极易造成自己自暴自弃，不求上进。

5.有过度崇拜、模仿的心理

主要源于电视剧里的人物和社会上的流行穿着打扮等。如有的模仿电视里一些反面人物的"国字胡""土匪头"等，有的追求社会上的一些穿着流行款式，如"超短裙""打磨破洞牛仔裤",甚至还追求一些流行头式,如"染黄发""染红发"等。

四、班主任老师讲故事

1.班主任老师的成长故事

本班主任(1960—)1989年10月结婚(29岁)

(1)幼愚钝,不知学。

(2)少立志,拒婚事。

(3)志未酬,躲婚事。

2.举例名人名家的成长故事

(1)周恩来(1898—1976),1925年(27岁)与邓颖超结婚。周恩来在沈阳读书的时候,只是个十二三岁的少年。他学习非常勤奋、刻苦,常常和老师一起讨论自己在阅读书报时思考的问题。课堂上认真听讲,认真完成作业,尊敬老师,团结同学,有礼貌守纪律。他特别注意课外阅读,来弥补课堂上的不足。他所读的书报,范围也比较广泛,除了社会科学的书籍外,自然科学和军事科学的书籍也是他喜爱的读物。他还把几本书的内容对照起来阅读,加以比较,探求最科学的内容和答案。

有一天,学校的魏校长把同学们召集起来,问大家:"读书为了什么?"有的同学说:"为了给自己将来找条出路。"有的同学说:"为了能发财致富。"还有个同学说:"为了帮助父母记账。"原来他的父亲是个商人。魏校长问周恩来:"你呢?为什么读书?"周恩来站起来,大声地说:"为中华之崛起而读书。"后来他中学毕业赴日本留学前,曾经回到沈阳母校,看望诸位师友。他给一个要好的同学写了临别赠言:"志在四方,愿相会于中华腾飞世界时。"9月,他离开祖国时,心情异常地激动，并作诗一首：

> 大江歌罢掉头东，邃密群科济世穷。
>
> 面壁十年图破壁，难酬蹈海亦英雄。

（3）孙中山（1866—1925），1915年10月（49岁）与宋庆龄结婚。7岁时进私塾读书，背诵《三字经》《千字文》等中国古代启蒙教材，同时练习毛笔字。10岁他入陆家祠堂，学四书五经。孙中山勤奋求学，成绩突出。11岁时，他常在屋子门前大榕树下，听太平天国老兵讲述太平军抗清的故事。1879年，13岁的孙中山随母亲乘轮船到檀香山（美国）去找他大哥。他们乘坐的是一艘名"格兰诺克"号的两千吨级的铁壳英国轮船。在轮船的甲板上望着浩瀚的大海，"始见轮船之奇，沧海之阔；自是有慕西学之心，穷天地之想"。自此，他感受到机器的威力和西方科技的发达。抵达檀香山后，孙中山先进入教会学校意奥兰尼中学就读，三年后肄业，英文成绩为全班之冠。夏威夷王加剌鸠亲自颁奖。1883年正月，再到夏威夷最高学府奥阿厚学院读预科班，半年后肄业，当时孙中山未满17岁。

（3）鲁迅（1881—1936），1927年10月（46岁）与许广平结婚。鲁迅不仅聪明，而且勤奋。在三味书屋学习的时候，有一次，因为早晨要去给生病的父亲买药，上学迟到了。老师批评了他，他很后悔自己的迟到，就在桌子的角上，用小刀刻了一个"早"字，用来警诫自己，从此以后他就再也没迟到过。

少年鲁迅还用压岁钱为自己买书。特别是他心爱的画谱、画册。他最开始在皇甫庄见到《毛诗品物图考》时，喜爱极了。后来他积攒了钱到书店去买到一部，爱不释手，偶尔发现

有点墨污或别的小毛病，就觉得不满意，赶快拿到书店里去换，换了好几回。当他买不起书的时候，就自己动手抄，他从小就有抄书和描画的习惯，三卷《茶经》《五木经》他都亲手抄过。

（4）陈景润（1933—1996），中国著名数学家。他研究哥德巴赫猜想和其他数论问题的成就，至今仍然在世界上遥遥领先，被称为哥德巴赫猜想第一人。1980年（47岁）与由昆结婚。

1742年，德国数学家哥德巴赫提出一个未经证明的数学猜想"任何一个偶数均可表示两个素数之和"简称："1＋1"。这一猜想被称为"哥德巴赫猜想"。为了能证明这个猜想，陈景润不管是酷暑还是严冬，在那不足6平方米的斗室里，食不知味，夜不能眠，潜心钻研，光是计算的草稿纸就足足装了几麻袋。经过10多年的推算，终于他成了世界上攻克"哥德巴赫猜想"的第一个人，打开了"哥德巴赫猜想"的奥秘之门，摘取了此项桂冠，为世人所瞩目。

因家境贫寒，所以在学校常受到同学的欺负，他知道，只有好好学习，争口气，长大才能有出息，那时同学们就不敢欺负他。所以，他擦干眼泪，继续学习。此后，他再也没流过泪，把身心所受的痛苦，化为学习的动力，努力学习。在中、小学读书时，就对数学情有独钟。一有时间就演算习题，在学校里便成了个"小数学迷"。成绩一直拔尖，终于以全校第一名的成绩考入了三元县立初级中学。

3.2008届—2014届同学的成败事例

（1）罗××同学，女，2008届九（1）班，小升初全乡第一，初中全校第一。遗憾高中未读完就跑去嫁人了。

（2）章××同学，女，2008届九（1）班，初中曾有"早恋"现象，后被本班主任发觉乃及时医治。考入高中后在高二老毛病又犯，乃到母校坝中经本班主任医治一个中午，后补习考入贵州财经大学。

（3）罗××同学，女，2011届九（1）班，进入高二就有"早恋"现象，后通过QQ群找本班主任开"药方"，后又亲自登门"就诊"方能摆脱窘境。现在贵州师范大学学习。

（4）罗××同学，男，2011届九（1）班，初中上等生。进入高中后常到网吧上网，高二辍学在外打工。

（5）陈××同学，女，2011届九（2）班，初中至高中均是高才生，写作、演讲、歌舞均在行，每次参加县级以上比赛均在二等奖以上。遗憾的是竟然在高三下学期辍学打工。两个月后突然醒悟回来报名，可此时高考已经报名结束（输入电脑不可改），现在外打工。

（6）龙××同学，女，2014届九（1）班，初中上等生。曾三次发表万字小说在《麻江文艺》上。曾在初二阶段犯有"早恋"现象，后经本班主任医治后，成绩稳步上升，现就读麻中重点班。

（7）罗××同学，女，2014届九（1）班，初中中上等生，曾多次发表小说、散文在《麻江文艺》《黔东南报》上。可在初二阶段亦犯有"早恋"现象，后经本班主任医治后，成绩稳步上升，现在黔东南州民族高中学习。

五、畅谈青春（同学交流）

请同学们分组讨论自己对青春期的认识、看法以及感想等，然后由代表即兴演讲（3分钟）。

六、如何度过青春期

1.树立远大理想

人生要有梦想，有追求，有奋斗目标，做到方向正确不迷航，十字路口不彷徨。

2.多看健康向上的有益之书

如：名人名家成长故事、传记；有关学习、为人处世、理想等励志名言；青春期生理健康常识；各种报纸杂志消息、优秀美文等。养成有空就学、有空就看的爱读书良好习惯。

3.常关注电视新闻

学会关心国家大事，才能使自己的理想结合实际。

4.学会欣赏艺术，培养高雅情趣

如欣赏励志歌曲和琴棋书画等艺术，发展自己的特长，培养自己的兴趣爱好，陶冶情操，使生活变得充实有味。

5.善交友

交友必交心，交心必观察。自觉做到亲近上进同学，远离不良人员，这样才有利于自己的理想实现。

6.遇事多请教师长

经常找老师谈心，向长者倾诉内心苦闷，请他们为人生指点迷津。

7.学会杜绝"早恋"现象

别人追，委婉拒；自己追，比学习；"鸟美在羽毛，人美在多知"；"书中自有黄金屋，书中自有颜如玉"。

七、小结

1.师生小结。

2.全班齐唱《明天会更好》，主题班会到此结束。

2015年11月8日

附：

坝中2014级八(4) 班主题班会总结

(2015—2016学年度第一学期)

正处在青春期的八年级学生，他们对人生观、世界观正在形成期，对许多问题的认识似懂非懂，模模糊糊，在这段时期，他们的感情易冲动，易感情用事，若受到家长、老师的一点批评就会产生叛逆心理。尤其易对异性产生爱慕之心，易走入"早恋"歧途，对学习产生厌学的情绪。因此，针对这种情况，本班主任于2015年11月8日，利用周日两节晚自习，组织开展了"青春期健康教育"的主题班会活动。现将活动总结如下：

一、本次主题班会活动过程主要有以下五个环节

1.向学生阐述何谓青春期。

2.分析青春期误区。

3.班主任老师讲故事。

4.畅谈青春（同学交流）。

5.如何度过青春期。

二、通过本次主题班会活动，学生受益匪浅

首先，懂得了什么叫青春期，以及青春期有哪些主要特征，对青春期存在的误区有了更深刻的认识和看法。

其次，本班主任通过现身说法，通过"幼愚钝，不知学""少立志，拒婚事""志未酬，躲婚事"几个环节，将自己青少年成长的故事向学生讲述。此外，还向同学们讲述了"周恩来、孙中山、鲁迅、陈景润"等名人名家青少年时期成长的故事，还向同学们列举2008届到2011届同学成败的事例。同学们认真聆听，深受感动。在交流发言中，罗宏欢、彭志群、龙凤等同学代表全班同学走上讲台都纷纷表态，一定要杜绝早恋现象，树立远大理想，将来报效家国。

其三，通过本班主任对度过青春期的经验阐述，同学们增强了青春期健康安全的意识，对如何珍惜和度过人生这最美好的青春年华有了更清醒的认识。

最后，全班同学一起齐唱《明天会更好》，真是余音绕梁，令人兴奋，活动到此结束。

《关雎》教学案例

——关于民族民间文化进校园教学案例

【选文篇目】人教版《语文》九年级下册第24课《诗经》两首其一《关雎》。

【单元主题】《诗经》是我国文学史上有文字记载的第一部诗歌总集，其主要创作表现手法为"赋、比、兴"。《关雎》是其名篇，表现手法以"比、兴"为主。而我乡民间布依山歌的创作表现手法大多亦是以"比、兴"为主。故在教学过程中可穿插和挖掘地方民间山歌，让地方民族民间文化得到传承与发扬。

【教学情境】《关雎》的创作表现手法与地方民歌相同，故根据我对本课的教学设计和学生实际，创设了以下几个教学情境：

（一）激发欲望。在课堂开讲之前，首先向学生提出问题，让学生跟随老师的思路去探访古诗源，从而了解诗歌的创作起源来自民间，激发学生对民间山歌的学习欲望。

（二）探究比较。即指导学生将《关雎》一诗的创作表现手法与地方民间山歌作比较品味，从而掌握民间山歌的创作表现手法。

（三）情趣创作。通过学习掌握《关雎》和民间山歌的创作表现手法，学生在课堂上进行即兴创作，要求运用比兴的表现手法，结合所了解的自然景物，运用联想和想象创作出具有一定内容的山歌。

【教学设计】

一、设计意图

在漫长的历史长河中，事实已证明诗歌的起源和发展莫不与民歌有密切的联系。为使民族民间文化得到传承，因此，教学本课可借学习《诗经》的创作表现手法来学习了解民间山歌，挖掘民间山歌。同时又借学习和传承民间山歌的意义来学习掌握《诗经》的表现手法，达到一箭双雕之目的。

二、教学目标、教学重难点

1.教学目标

通过学习《诗经》中的"比兴"手法，进而了解和挖掘地方民间山歌，增强学生传承国粹与民族民间文化意识。

2.教学重、难点

学习掌握《诗经》"赋、比、兴"表现手法，以及本课运用"比兴"和"反复"的表现手法。

三、教学过程

1.探究导入，创设情境

为了让学生能迅速进入学习状态，首先我用探究式的方法导入，即让学生背诵唐诗、探讨诗歌的起源。其次提出学习任务和探究问题，如："今天我们学习的内容，就是要解开诗歌起源之谜与民间歌谣的密切关系。"其三，引导学生了解有关文本的文学常识，如：我国第一部诗歌总集的名称是什么？（《诗经》）它收录的是哪个时代的作品？（西周初年到春秋后期）距现在有多少年？（约3000年的历史）一共收录了多少篇诗歌？（305篇）这些诗歌是怎么分类的？（分"风""雅""颂"三部分。风：民歌；雅：宫廷乐歌；颂：祭祀乐歌。）这些诗的作者是谁？为什么？（没有明确的作者，当时并没有专业作家或诗人）等。其四，讲述诗歌的起源与民歌有密切的关系，因为"一切文学艺术都起源于人类的生产劳动，都是人们在生产劳动中创造出来的""早在原始社会虞、夏以前，诗歌就已经产生了"由此可知诗歌起源于民歌。我国最早的诗歌是一首反映原始社会生活的歌谣："断竹，续竹，飞土，逐宍"歌词大意是："砍来青青竹，制造成弓箭。打猎尘土扬，逐兽如闪电。"这样创设教学情境，让学生有求知的欲望。

2.品味阅读，感知手法

首先是读诗。通过教师示范朗读、学生自由朗读过程，要求达到读准字音、读出节奏。其次是悟诗。在自读几遍后要求学生自己看注释，理解重点词的意思，老师提示重点词语，让学生能读懂诗意。其三是品诗。主要是品味诗歌运用多种表现手法。《诗经》所采用的创作表现手法是"赋、比、兴"。"赋"就是陈述铺叙的意思；"比"就是"以彼物比此物也"，即比喻；"兴"是"先言他物，以引起所咏之词也"。可让学生先找出反复、双声、叠韵的句子，如："窈窕"是叠韵，"参差"是双声，"辗转"既是双声又是叠韵，"关关雎鸠""窈窕淑女""悠哉悠哉"是反复（其中"窈窕淑女"是间隔反复）。再找出"比兴"的句子，如每一节诗的开头两句"关关雎鸠，在河之洲""参差荇菜，左右流之""参差荇菜，左右采之""参差荇菜，左右芼之"。这些诗句好像与后面的"窈窕淑女，君子好逑""窈窕淑女，寤寐求之""窈窕淑女，琴瑟友之""窈窕淑女，钟鼓乐之"毫无关系，但它主要是把后面这些男女爱情具体表象引出来，也就是起到抛砖引玉的作用。之所以全诗朗朗上口，和谐悦耳，意境深远，意味无穷，是因为这首诗里运用了反复、双声、叠韵等多种手法和"比兴"的表现手法。

3.走入民歌，情趣比较

向学生举例和讲述地方民间山歌运用比、兴的创作手法。如：有关谦虚方面的"火烧长葱没冒烟，好马过河没用牵。你唱十首都容易，我唱一首没会编""三棵杉树一样高，砍来家中做行挑。行挑还要人来改，唱歌还要人来教"等前两句都是用作比兴的句子，而后两句才是歌者要唱的内容；又如：有关爱情方面的"去了去了又转来，桃花去了李花开。太阳去了明天转，妹你去了几时来"的前三句是采用比兴的方式起唱；还有歌颂母亲的如："叶子开花叶子青，柴木开花掉线成。妈你是棵凉伞树，一年四季得遮阴"中的前两句也是采用比兴的手法；再看姊妹歌"后园韭菜栽九兜，九姊九妹坐九州。今天姊妹来相会，好像云南会柳州"也是如此。让学生用这些民间山歌与诗经中的《关雎》作比较，说出它们的相似点，激发学生的探究情趣。

4.学以致用，情趣创作

通过对诗经和民歌的学习了解，学生懂得和掌握了"比兴"的创作表现手法之后，然后让学生临场发挥，即兴创作，以展示自己的才华。如学生杨凡玉就写道："校园柳树一棵棵，迎风舒展舞婆婆。今天同学来相会，蹦蹦跳跳乐呵呵"；学生罗世发则写道："仙人桥上有棵松，不怕风霜与雷轰。你若有心不怕苦，怕苦不让你成功"；学生陈佳佳又写道："天上星宿颗颗新，世上唯有父母亲。除了青冈无好火，除了父母无好亲"等。由此可见学生已掌握了"比兴"这一创作表现手法的运用。

5.作业布置，强化巩固

为了使学生能把所掌握的"比兴"手法进一步得到巩固，并能运用到实践中去，课后作业我布置两道题：

（1）课后阅读第二首《蒹葭》，请找出有关运用"比兴"的诗句。

（2）请采用"比兴"的表现手法创作1—2首地方民间山歌。

【教学反思】"诗歌，是一切文学作品的开路先锋。在人类社会出现文字之前，就已经有了口头创作的歌谣了。""从有文字记载的第一部诗歌总集《诗经》，发展到今天的自由诗，中间经历了近三千年的历史。在这漫长的历史长河中，事实证明了诗歌的起源和发展莫不与民歌有密切的联系。"其实古典诗歌的创作表现手法与地方民间歌谣是相似的，只不过古典诗歌用词典雅含蓄一些，而民歌通俗直白一些罢了。本节课主要引导学生学习了解《诗经》和民间山歌的相同表现手法——比兴。增强学生传承民间山歌的意识，激发学生热爱劳动人民的思想感情。按照我本人的教学思路，收到了以下效果：

（1）学生求知欲高，师生互动愉快。从开讲到结束，全班学生能紧跟老师的教学思路走，积极发言，共同探讨，展示自我，效果很好。

（2）学生学习了解"比兴"的表现手法，并且大部分学生能掌握运用。如在课堂训练中有许多同学能临场发挥，积极创作出了比较有价值意义的山歌。

（3）通过学习了解《诗经》到走入地方民间山歌，学生不仅感受到了《诗经》的古韵幽香，更感受到了民间原生态文化——山歌的魅力所在。

但是，也有一些同学对"比兴"的表现手法掌握不够，以及对民间山歌的创作技巧掌握不够，认为在创作中只要是"先言他物，再言此物"，那就必定是运用比兴的方法，殊不知大多"他物"与"此物"是存在一定比拟关系的，所以，不仅是"兴"，还存在"比"的作用。当然，也有只存在"起兴"的作用，如"撒把芝麻上高楼，客有好歌客不愁。你唱十首都容易，我唱一首难起头"等。因此，在今后教学中举例还要尽量广泛一些。此外，无论是诗歌还是民歌，不但讲究字数相等，而且还要讲究平仄、用韵。我想往后很有必要花上一两节课的时间帮学生补补这方面的知识。

参考文献：

①席金友.诗词基本知识[M].内蒙古：人民出版社，1980：1-8.

注：此教学案例获2017年贵州省科研论文、教学案例评选二等奖。

线上学习管理教学案例

【教学背景】2020年的春天正是全国抗击疫情的非常时期，为了防控疫情蔓延，确保师生的生命安全，教育部研究决定全国大、中、小学将延期开学。但停课不停学，故采取网上教学的方式让学生进行线上学习。根据贵州省教育厅关于开播"阳光校园　空中黔课"的通知精神，初三年级从2020年2月10日开始进行网课学习。

【问题分析】线上学习对学生来说既有利又有弊，存在问题具体分析如下：

1.利者多偏向城市孩子。因为一是学生家庭条件比较优越，能通过手机、电视观看；二是大多家长素质比较高，对孩子的学习很重视，能监管到位。

2.弊者多偏向农村孩子。因为一是有的贫困户条件差，家中无电视，孩子无手机（不过后来政府也帮助解决了）；二是有的地方信号不好或有时停电，会对孩子的网上学习有较大影响；三是有的孩子不自觉，自控能力差，再加上家长素质也不高，且又忙于农活，故对孩子的监管力度不强。

3.本人是农村中学教师。根据本人走访了解到一些令人担忧的问题是：极个别孩子晚上熬夜玩手机到深夜三四点钟，第二天到了中午十二点过钟都还没起床。问家长说是管不动，没办法。

【教学管理策略】根据对学生情况的分析，为了能够真正达到"停课不停学"的目的，特制定下列教学管理策略：

一、利用班级共享群建立健全学习管理制度，并指导班干部通过班级群对全班同学线上学习进行监督管理。

二、建立健全班级《学生操行考核实施细则》，要求每个学生每天必须按时学习，按时发送观看网课图片和听课笔记图片。对于缺课、迟到（不按时发送学习图片）的均扣相应的考核分，对于按时听课且听课笔记写得好的和认真按时完成作业的要加相应的考核分。

三、每天由学习委员、班长等班干部负责作好考勤记录并公布在群里，周末作好统计交给纪律委员按规定条款给予扣分或加分。

四、对不自觉按时学习或自控能力差的学生，可通过电话进行家访，及时与家长沟通，要求家长监管到位，并经常给予提醒。

【观课笔记指导】线上学习如何进行笔记，关键是要认真听，记要点。可指导学生根据下面几点进行观课记录：

1.如有智能手机，建议使用手机观课，因用手机看可随时暂停和播放，便于记录教师讲课的要点。

2.学会抓住上课教师所讲的要点进行记录。所谓要点一般就是教师在讲课中暂停一两分钟让同学们思考的问题，这时若自己感觉困难就注意老师的点拨和分析讲解。

【作业展示】每天观课后要即时给学生布置相应的作业，

并让学生将完成的作业即时发到群里，教师也要即时批改，然后将批改好的作业展示在群里，让学生共同分享学习成果。

【个案举例】

一、选文篇目：人教版语文九年级下册第4课《海燕》。

二、任课教师：贵阳市第十八中学一级教师封娴

三、教学环节安排：

（一）导入：教师通过题解、作者简介导入新课。

（二）引导学生听读课文。

（三）通过图文并茂来分析讲解，让学生感知海燕形象：

第一幅画面：暴风雨将来时→渴望↓

第二幅画面：暴风雨迫近时→迎接↓

第三幅画面：暴风雨即临时→呼唤↓

让学生从画面感受到暴风雨来临和海燕出现的形象是一个层次递进的过程。

（四）引导学生了解文中出现的意象及象征意义。

（五）指导学生品味文中精美的语言，感受文中运用比喻、夸张等修辞手法的妙处，以及强烈的思想感情。

【学生笔记及出勤情况】从教师的教学环节设计安排来看，本课的重点在于让学生把握文中出现的三幅画面，进而感受海燕这一英勇无畏的无产阶级革命先驱者的伟大形象。其次是抓住意象特征，品味精美语言，进而把握作者情感和文章主旨。因此，可指导学生作好这方面的学习笔记。下面是部分学生发来的观课学习笔记图片：

（此处为四幅学生手写笔记照片）

　　从笔记情况来看，学生已基本把握了文章的重点内容。但也有些同学马虎对待，不按时上交笔记，对此，还要进行笔记、出勤统计，并进行评价和量化考核。如下表就是考核情况：

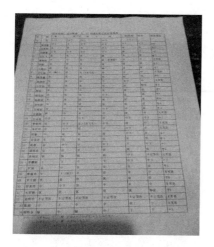
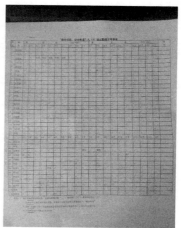

　　根据考核情况统计公示，对那些考核分比较低的同学要即时电话联系作好思想教育，同时，也告知家长，与家长进行交流，争取得到家长的支持，对其给予监督，使其不断有所进步。

　　【作业情况展示】根据线上教学内容，可布置相关的教辅资料"课外阅读"作业练习。下面是部分学生作业展示情况：

　　从作业情况看，学生通过观课学习，其阅读理解能力有了一定的提高。

　　【教学管理反思】疫情阶段进行在线学习，主要是靠学生的自觉性和家长的监管力度是否到位。因此，作为科任教师只能借助班级共享群进行交流和电话联系等方式来监督管理学生进行有效的学习。本人认为只要做到以下几点，就会收到良好的教学效果：

　　1.勤于督促。每天要即时在群里提醒学生按时进行观课学习，对于没有回应的学生要即时进行电话联系了解情况，以便即时对症下药。

　　2.勤于家访。疫情期间要善于利用电话联系家长，耐心与家长交流，争取得到家长的大力支持。因为学生在家学习，只有家长才是第一任老师，才能对其子女监管到位。

　　3.勤于批改作业。只有通过作业展示，才能看出学生的学习效果怎样。因此，作为教师要有针对性的布置学生作业，并及时批改。这样才能让学生有压力，有收获。

2020年3月20日

注：此教学案例作为代表坝芒中学参加贵州省2020年"空中黔课"教学管理案例评比报送篇目。

（三）心得体会选

新班主任培训心得体会

很高兴参加这次"全国首届'赢在管理'中小学班主任工作研讨会"在贵州省举办的"贵阳'赢在管理'新班主任培训"活动，并感谢学校领导给我这样的学习机会。在培训中，我深感自己确实受益匪浅，故将秉笔叙之于下：

我们第一天听取了全国十佳班主任、中国教育学会会员段惠民的报告《教育，呵护心灵的事业》，第二天聆听了当代教育家、全国优秀班主任、特级教师魏书生的有关班主任工作的精彩感人的讲座。这些专家的报告和讲座皆从心理、德育、艺术等方面分别对班主任工作进行科学分析，告诉我们作为班主任该如何科学有效地开展工作。讲得非常生动，非常实际，对我的触动很大。让我更加深有体会到什么样的班主任就会带出什么样的班集体，因为班主任的思想行为会在潜移默化中深深地影响着学生。

本次培训让我对班主任工作有了深刻的认识和理解。虽然只有短短两三天的培训学习，但却使我获得了许多全新的班级管理理念、管理方法。我十分赞同"一个好的班主任就是一个好的班级"这句话，因为它一语道破了班主任工作的重要性。那么，怎样才能做好班主任工作，怎样的班主任才到达"好"的标准呢？通过培训我深深地体会到班主任不仅要具有精湛的班主任工作艺术，更要善于时刻用一颗"心"——责任心、爱心、细心、公心和信心于一体的"心"去教育和感化学生。

一、责任心——做好班主任工作的前提

责任心即是自觉地把分内应做的事做好的心绪和情怀，这是做好班主任工作的前提。班主任是连接学校与学生之间的桥梁和纽带，是全班学生的组织者和管理者。班主任的责任心体现在上对学校负责、下对学生负责两个方面。对班主任工作负责就能充分发挥好桥梁和纽带作用，全面执行党的教育方针政策，保证学校布置的各项工作能够迅速及时、准确无误、畅通无阻地传达到班级，并积极带领全班同学通过各种组织和教育形式，使学校各项工作得到很好的贯彻落实。另一方面，有了责任心，就能经常深入学生，全面了解学生，及时掌握学生的思想动态，通过日常的学习和工作等各项活动，在思想上进行有针对性的教育和引导，帮助学生们树立各种正确的观念，并积极向学校反映学生们的正确意见和合理要求，从而达到学校和学生双方满意。

二、爱心——做学生的朋友

爱心，即热爱之心，指对人或事物有很深的感情，常放在心上，重视和爱护。爱心对班主任而言就是爱护和了解学生身上的一切积极因素，帮助他们克服和消除消极因素。这是做好班主任工作的基础。我们班主任应该以真诚、平等、信任的态度对待学生，全心全意地为学生服务，真心真意地热爱、尊重和关心每一个学生，设身处地地为学生着想，把爱撒向每一个学生的心田，用爱心去感化学生、教育学生，做学生的朋友。只有这样，学生才能视你为他们中的一员，才能与你交心，才

有利于班级工作的开展。值得注意的是班主任的爱心不能只体现在那些好学生的身上，更要体现在那些后进生的身上，这也是做好后进生转化工作的润滑剂。对于那些表现差的学生，应让他们感到班主任并没有因其差而嫌弃、厌恶他们。当然，对学生的爱，不是无原则地溺爱与迁就，不能姑息放纵，而是要严格要求，真正做到严与爱的有机结合。

三、耐心——持之以恒，诲人不倦

耐心就是心里不急躁、不厌烦、能持久。一个几十人的班级，在不同时期，会出现不同的情况和不同的问题，经常还会有因突发事件而产生的新问题。因此，解决各种问题，做好班主任工作需要有耐心。由于孩子的性格，所接受的家庭教育不一样，使得他们对某些事情的认识和处理不一样。当他们做出一些不良行为时，作为教师，我们首先要求自己要冷静，了解事情的前因后果。然后站在孩子的角度去思考他为什么会这样做？再倾听孩子的解释，分析这样做的原因，最后与孩子共同探讨除了这种办法外，还可有哪几种解决方法，其结果怎样？通过这一较为复杂的环节要让学生弄明白"错误已犯，已无法弥补，但要在每一次犯了错误后总结教训，学会正确处理突发事情，避免今后再犯同样的错误"。班主任工作的重点是做好全班同学的思想工作，带领和帮助全班学生完成学业，全面发展，达到培养目标。我们知道，每个学生都有各自不同的思想，而每个学生的思想都受到社会多方面的影响，因此各种思想的形成都不是一朝一夕的事，那么做学生们的思想工作就需要时间和耐心。做思想工作不可能一蹴而就，对于学生的不佳表现甚至是违纪行为，我们不要急于做定论，扣帽子，而应了解行为背后有没有别的原因，这样粗暴、急躁的举动便不会产生。当犯错误的同学出现反复时，应该进行再教育，做耐心细致的思想工作，帮助他们改正错误，而应避免急躁情绪，害怕麻烦，将学生推向社会或家庭，造成不良影响。当然，我们提倡耐心，不是说遇事不要作果决的处理，那种无所作为，拖拉迁延，当断不断的表现，并非"耐心"之道。

四、细心——事无巨细

细心就是用心细密。做事细心，就会认真周密地考虑各种问题，精益求精地把事情做好。工作中有细心就能及时发现出现的问题，防微杜渐，避免事态扩大；工作中有细心就能帮助我们全面分析问题和正确处理问题；工作中有细心还能够提高我们的工作效率，避免出差错。班主任工作有细心体现在日常工作中处处留心，做有心人，体现在对全班同学的仔细观察和详细了解，体现在处理问题的周密性。细心可以把工作做得有条不紊。

五、公心——一视同仁

公心，即公正之心，指对人对事公正看待，没有偏私。这是做好班主任工作的保证。这一点尤其体现在对待问题的处理上，不管他是优秀生还是后进生，不管他是干部子女还是百姓子女，班主任都应公正平等，决不能因人而异，否则会给学生的健康成长和自身的教育工作带来不良的影响。因此，班主任在教育和教学工作中应该做到热爱每一个学生，公平、公正地对待每一位学生。对优秀生应要求他们将好的方面继续发扬光大，不断克服自身的不足之处，千万不能偏爱甚至于护短。对后进生，要给予更多的关怀和奉献更多的爱心，细心捕捉他们身上的每一个闪光点，发掘其身上的潜能，充分鼓励、帮助，使他们重新找回自我，获取克服缺点的勇气和信心，点燃他们心中的希望之火，使他们不断进步。

六、信心——走向成功的关键

每个孩子都是国家的财富、家庭的财富。作为班主任对学生应该充满信心，在班主任心中，每个孩子都能成为好孩子，在班主任眼里，他们个个活泼、可爱。哪怕是再调皮，再难教的孩子，班主任都要坚持不懈地教育他，决不放弃。对学生树立信心是让他们走向成功的关键。

班主任的工作是平凡而繁琐的工作；班主任的工作是很有挑战性的工作，每一个学生都是一个世界，要想成为每一个学生的朋友，要想得到每一个学生的信任，需要付出很多的心血；班主任的工作是一门学问，是一门艺术。育人无止境，管理无边际。作为班主任，累且快乐着。教育的路是漫长的，我将在这漫漫长路中，用我的责任心、爱心、耐心、细心、公心和信心去迎接教育中的每一个挑战，去滋润祖国的每一棵幼苗，做一名称职、优秀的班主任。

注：这是2009年9月18—19日参加"全国首届'赢在管理'中小学班主任工作研讨会"培训活动心得。

阅读"各省优秀课改经验"有感

——2012年国培学习感受之一

在本次国培中，我受益匪浅，尤其是阅读了"各省优秀课改经验"后，感触很深。

首先，对于北京景山学校提出的"放胆文"我认为是一个很好的尝试。它的好处一是在于从题材上放胆，能活跃学生思想，让学生感受到生活是写作的活水源头；二是写法放胆，能让学生努力创作出更富有个性特色的新颖奇异的作文；三是字数放胆，这样能使后进生不受规定字数的压抑，以便提高后进生的写作兴趣；四是情感放胆，使学生能随心所欲写出真情实感的佳作来。

其次，江苏的"语文综合性学习"对我的感触是：语文教学重在学会进行因地制宜的语文实践活动。众所周知，新课标提出的语文综合性学习要求固然很好，但在应试教育的压力下，许多语文老师根本没有重视过，都是加班加点把课文上完后就忙于搞题海战术。其实开展语文综合性学习活动，学生挺喜欢，作为语文老师应该给予重视。过去我也曾在这方面由重视到放弃，其原因是所处的教学环境条件有限，学生搜集、查找资料困难，使活动效果欠佳。通过这次国培学习才了解到江苏的"语文综合性学习"经验很值得学习和借鉴，才真正体会到"教有方法而教无定法"的深刻含义。因此，我认为只要学会因地制宜，对于"语文综合性学习"活动，照样能开展得有声有色。

其三，有关天津的"名著阅读课型设计与经典阅读"也对我有很大的启发。以往我在这方面只是简单地将名著买来放在教室书架上让学生自由阅读就了事了。其实，要让学生真正喜欢名著，真正读懂名著，真正受益于名著，还在于读前教师精心地设计导读，这样才使学生有读的欲望，才能在读中有所收获。

当然，感受和收获不止这些，还有其他省市的课改经验都很值得学习和借鉴，在此不再一一赘述了。总之，我认为语文教学贵在实践性的探索，只要勇于探索，勇于实践，会取得可喜成绩的。

国培学习结束感言

——2012年国培学习感受之二

这次国培快结束了，在国培学习生活中，既忙碌，却又很充实，作为一名中青年教师，我深知自己在教学上还不够成熟，在教学过程中还存在很多的问题，但是经过这一段时间的培训学习，我收获颇多，特别是专家和成功教师以鲜活的案例和丰富的知识内涵，给了我们具体的指导，使我在今后的教育教学中有了航标，真是受益匪浅。在此谈谈一些主要的感受：

其一，这次培训让我感触很深，收获很多。曹文轩教授的讲座，使我能够在教学中的阅读不再那么迷惘了；李卫东专家的精论，让我明白在写作方面的真谛；李亚平专家的详解，让我感受到教书育人的愉悦。

其二，国培促使我成长。听了专家们的讲座让我发现了自己在教学中的许多误区和不足。我很珍惜这次国培机会，也很感谢专家教授的精彩讲座，说实话，我更希望这样的"国培"最好安排在假期，这样就有充足的时间来学，达到学而致用，又能完成教学要求的学时，从而两全其美。

其三，教师要学会终身学习。俗话说：活到老，学到老。在当今这个知识日新月异的年代，作为农村教师要树立终身学习的目标，实现自身的可持续发展。

总之，通过这次学习，我会把学到的理论贯彻在自己的教学实践中，将学习与实际教学结合起来，努力探索新的教育教学方法，从而更好地适应教学的需要，通过总结经验，提高自身素养，充分利用现代信息通信技术，及时了解专业领域以及其他领域的最新发展动态，注重与其他教师和专家的合作探讨，做一个优秀的语文教师。

对组长胥老师感受颇深啊！真是令我感到后生可畏啊！也感谢这次国培为我们创造了交流的平台，使我们老少能够通过教育教学方面的探讨，在教育思想上产生共鸣。尤其是像你这样敬业、乐业，默默耕耘的教坛新秀是令人敬佩的，并且也是不多见的。你说得很对，教师要学会终身学习，实现自身的可持续发展。也只有这样，我们教师才能与时俱进，才能感到像你所说的"既忙碌，却又很充实"，才能使生活不成为一潭死水。不过我深感惭愧，因为在当今"造假工程"的社会，像我这样的老黄牛，一来脑子转不过弯，二来也感到力不从心，整天忙于应付上级这样那样的检查，所以有点跟不上学习的进程，给你这位当组长的带来一些麻烦，在此深表歉意。

注：以上2篇为吾参加"国培计划（2012）—贵州省农村中小学骨干教师远程培训"的心得体会（2012.9.20—11.20）。

浅谈教好语文的点滴体会

——在五校联研课堂模式探讨会上的发言

尊敬的在座诸位同仁：

你们都是教坛新秀，而我是60版一位跑掉队的老兵。今天能应邀参加我们五校联研课堂模式特讨会，深感荣幸。

今天我主要是带着耳朵来听，向大家吸取经验。要我谈经验，也只是走过场而已。因为我的所谓经验老掉牙，根本不足挂齿。但既然来了，也不妨说说嘛。

大家都知道，语文是一门多功能的学科，它涉及政史地，数理化等多门学科的相关知识。因此，教语文不好教。但如果你养成多看多写的好习惯，教语文也是一种乐趣。下面我就谈谈自己的点滴体会：

一、要千方百计调动学生的学习积极性

不管采取什么样的教学方法，我认为调动学生的学习积极性是首要的方法，不管是哪一门学科都一样。那么，要调动学生语文的学习积极性，方法是多种多样的，而我的做法是：

1.开讲要新颖

开讲新颖是吸引学生的注意力和求知的欲望的基本途径。因为当上课铃响，大多学生在走进教室时心情还未迅速平静下来，在这种情况下，如果老师走进教室，学生起立坐下时就随

口说打开第几页，上第几课的话，大多学生可能不会很快进入学习状态。因此，你必须精心做好导入新课的设计，尤其是每篇课文的第一课时。设计如何新颖？可根据学生实际情况来安排，一般来说可以从激发学生树立远大理想，对未来有所追求与向往等方面去考虑，如：简介作者生平，让学生放飞追星的梦想；就课文涉及的内容与学生生活环境的实际情况，采用谈话式、问题式与学生交流，让学生立即进入好奇、思考等状态。总之，开讲新颖，就是创设你的教学情境，让学生跟随你的教学思路走，这样，才能获得事半功倍的教学效果。

2.结合各单元综合性训练，适当开展一些文娱活动

文娱活动是学生最感兴趣的。但往往我们对学生感兴趣的事情怕做，原因很简单，就是怕耽误学习时间。其实不然，只要我们善于精心布置与安排，围绕一定的主题来开展，让他们在娱乐中求知，这样，学生会受益匪浅。因为每个人对自己感兴趣的东西必然用心去完成，必然会尽自己所能去做好。比如，我上八下第一单元"献给母亲的歌"这一主题时，就在班上举办一次文娱晚会，还邀请附近有条件的家长来参与。会上，有的吟诵自己创作的诗歌；有的讲述自己成长的故事；有的则用歌声、小品等来表达"歌颂母亲"的内容，来展示自己的才艺。此外，有的家长还用山歌的方式来教育子女要孝敬父母，尊敬老师，刻苦学习，树立理想等。可以这样肯定，采用这样的娱乐方式来学语文，一是使学生得到放松；二是让学生从搜集资料中获取知识；三是使学生能够充分展示自我；可谓一举三得。

3.为学生搭建创作展示平台

为学生搭建创作展示平台，是激发学生写作兴趣，提高写作能力的有效途径。平时要求学生在规定的时间内写出600字

的作文，大多交来都是东拼西凑的应付之作，缺乏真情实感。因此，学生往往怕写作文。那么，如果让他写自己想写的内容，他会毫无厌倦，一气呵成地写出超过600字的文章来。当他看到自己的文章发表在报刊上，那就会有一种成就感和幸福感，写作的兴趣就会大增了。因此，我就针对学生学习兴趣确定学习内容，给予引导。他爱散文，就指导散文创作；他爱小说，就指导小说创作；他爱诗歌，就指导诗歌创作，爱写古体诗就指导写古体诗，爱写新诗（自由诗）就指导写新诗。并帮他们修改推荐发表在《麻江文艺》和《中学生报》上。

4.利用比赛方式进行知识梳理与巩固

有时要求学生要抽出时间多看一些名著，多识记一些知识要点，学生感到枯燥无味。那么，我就用比赛的方式来进行。如：开展"中国四大名著知识竞赛"，或"八年级语文古诗文知识竞赛"等。这样就调动了学生的学习积极性，使学生易于掌握所要掌握的知识要点。

二、减轻学生作业负担，多留点时间给学生进行课外阅读

我认为要让学生学好语文，提高语文素养，主要不是在于要教师多讲，让学生死做习题，而在于培养学生的阅读兴趣和写作兴趣。写作是语文水平的具体体现。可以这么说，写作好的人，其语文基础知识也差不到哪里去，但语文基础知识好的人，其写作水平不一定高。那么，要提高学生的写作水平，就必须培养学生的阅读兴趣，适当减轻学生的作业负担，让学生多有点时间去博览群书，看点新闻和报章杂志，这样才能使学生开阔视野，增加阅历，丰富知识，发散思维，作文时才能打开自己的思路，徜徉在文学的伊甸园里，写出好文章来，这如

古人所云"读书破万卷，下笔如有神"。

三、分层次教学，分层次要求

现在的学生都是鸭子翻田坎进来的，有的读完初中毕业还不如小学三年级的水平。像这样素质差、基础差的学生，只要求他掌握课文生字词表达能基本通顺就行了。而对那些基础好，素质高的学生，则要求多扩展知识，就是要多看多写，培养阅读、写作兴趣。

四、要让学生学会把书读薄

大家都知道，上面口口声声说的是要抓素质教育，而下面却扎扎实实抓的是应试教育。我们面对目前无法改变的形式，也要让学生学会应试，那就是学会把书读薄。其做法是初一、初二时，要让学生多看多写，即是花时间大量阅读课外书籍，勤于创作；到了初三就重在花时间归纳、复习、巩固知识要点，以便参加中考。平时也是一样，期初要求学生多花点时间阅读课外书，临近期末就少看，把大量时间花在浏览巩固知识要点上。

五、本人对当前教育所持的观点及看法

针对目前教育状况，本人有一些与众不同的看法，那就是如果我们不抓素质教育，死抓应试教育，就会埋没人才，因为许多学生的爱好、特长会得不到发展。诸如将来有可能会成为书法家、画家、文学家、诗人等的学生，在今天得不到很好的培养，那就会埋没了他们的天资与爱好，失去了他们对人生梦想的最美好追求，改变了他们的人生道路，将来什么家都不会成，只是一个高分低能，或者只算是一个合格的社会产品罢

了。然而，我们又想如果不用力抓好应试教育，上面又拿什么来评价我们老师的教学水平？社会舆论又会怎么样议论我们？因此我们处于进退两难之间。其主要原因是目前上面还缺乏对素质教育的考核机制。因为应试教育的考核机制操作方便，而素质教育不便于考核评价，所以，大家喜欢应试教育。鉴于这样的情况，我想只有采取在重视素质教育的同时来抓应试，以素质教育的开展来促进应试教育的提高。换言之，就是既重视对学生特长的培养，也要让学生考出好的成绩，只有这样，才能不成为社会、学生、家长的罪人。

2014年10月

注："五校"是指当时的麻江第二中学、杏山中学、贤昌中学、谷硐中学、坝芒中学。

2015年参加培训学习心得

　　本人有幸参加"2015年全州农村义务教育学校教师素质提升培训"学习，培训时间从2015年7月30日至8月6日，为期8天，培训地点在凯里学院，主讲教师大多是州级以上的名家名师，也有一些学校的骨干教师。通过这8天的培训学习，我感到受益匪浅，现将学习心得总结如下：

一、认真聆听名师之讲座，总有一些思想理念与自己心灵相碰撞故而有所醒悟

　　人生在世，总有许多看似平常而又令人迷惑不解之事，直到偶遇他人一语点击，方能茅塞顿开。这几天听了名师们的讲座就让我有所感悟。如在第一天听了凯里学院旅游学院总支书记梁焰老师关于"身正为范"的讲座后，不仅让我感受到作为一名老师，在仪容仪表和言谈举止方面尤为重要，还更让我有所感悟的是梁老师的一句至理名言："当你面对每一届学生感叹道一届不如一届时，那说明你已经老了。因为你是用自己曾经努力奋斗过所获得的成功经验来教育这一代学生，可学生已经变了而你没有变，你是在吃老本。"这句话说到我的心坎上了。回顾我在中学这几年，自己所走的教育教学历程确实应验了这句话。不是吗？第一年我接手的是坝中2005级七（1）班，那是我从小学走到中学所接手的第一届初中学生。虽说那时我

也是一位有着25年教龄的老教师了，可作为一名中学教师来说我还是"大姑娘出嫁头一回"。那时虽然没有电脑和打印机，但凭着落后的油印机也能刻印出一张张清晰可见、字迹工整的试卷。况且那一届的学生在自己的精心培育下也能刻苦努力，学有所成，到2008年中考，成绩在本校名列前茅，在全县十所中学中位居第四名，摘掉了坝芒乡历年挂末的帽子。此外，那一届的学生最能学会感恩，虽然至今师生分别将近十年了，但每当逢年过节仍然不忘给老师发慰问短信，有的还提着礼品登门拜访。可令我想不通的是送走2008届后，所接手的2011届和2014届，我用同样的方法努力耕耘，并且付出的比2008届的还多，可学生处事较差，感恩意识不强，学习也没有2008届那么主动、刻苦。作为班主任的我对这前三届学生总体感受是：2008届学生离校是洒泪依依满别情，曾让我在茶余饭后徘徊校园思绪万千，这种状况要持续一个星期后心情才平静下来，可见师生之情深啊！而这种状况对2011届只持续三天；对2014届只持续1天。因此，每当送走一届，接手下一届的时候，而上一届的同学会问我道："这一届与我们那一届相比，哪一届好一点？"我总是说："不如你们那一届。"然后，学生也与我同样感叹："真是一届不如一届啊！"

这次参加培训，虽然之前是抱着为了完成个人中继教学时来的，但听了梁焰老师的一席话才感到也不枉来呀！梁老师的话让我醒悟到：原来我是在吃老本啊！因为我是用第一届成功的经验来对待后两届，没想到"年年岁岁花相似，岁岁年年人不同"啊。因此，要想黄昏多美丽，就得多花点心思去研究怎样才使花儿开得美丽，不能再按老观念去栽培了。

还有，我在听了凯里学院附中副校长罗福权老师的讲座"如何做一名合格快乐的老师"后，也感到其中有一句话很让我震撼，那就是"在耕别人的田的同时，不要荒了自己的地"。想想自己和我们大多老师何尝不是这样？都是一心扑在教育事业上，想着如何把别人的孩子教好，而忽略了对自己孩子的管教，很少与自己的孩子交流，导致无法与之沟通，最终还觉得别人的孩子好教，自己的孩子难教。因此，凡是教师子女，成才优秀的并不多。罗老师说得好，自己的孩子不只是属于自己的，他也是祖国的花朵，未来的栋梁，"每朵花都有盛开的理由"，因此，我们没有理由不把自己的孩子教好。

二、名家名师的成功让我感受到一个"勤"字所在

我参加过县级、州级培训，也参加过省级培训。每次听了授课教师的讲座后都让我感受到这些名家名师之所以成名，是因为他们除了具有一定的天赋之外，更重要的还是在于他们能够一生坚持一个"勤"字。这个"勤"字既是我们常人最容易做得到的，又是很难以坚持做到的。这个"勤"对于我们教师来说具体体现在以下几个方面：

1.要勤于看书学习。就是要多看一些有关教育教学的专著、报章杂志、教辅资料以及名人名著等，树立终身学习的理念。

2.要勤于钻研思考。深入研究教材、深入研究课标，深入研究学生、深入研究教法，也就是说任何良好的教育教学方法都来自一个教师的勤于钻研思考。

3.要勤于写作积累。就是要将自己在教育教学实践中的感悟、经验、体会等及时记录下来，写成教学论文、案例分析、教学反思等。这样才能不断积累和丰富自己的教育教学经验。

4.要勤于与生交流。有人说能与学生愉快交谈一次，胜过给学生补上100节课，我同意这个看法，并且也有这样的体验。实际上与生交流就是走入学生的心间，让学生亲近你，使你能

了解学生的心思和存在的困惑，便于对症下药。

上述"四勤"，众所周知，然常人难以做到，理由是没时间，往往只处于仓促应付之态。比如，我们一般老师备课只是看一眼教材或教参，就走上讲台了，有时还来不及看文本就到教室先让学生预习几分钟，自己才看看想想要讲那些内容，怎样讲。等到学校要检查教案了才来补写教案。可我们看名师们怎么做的？凯里学院附中廖安华老师、凯里市二中金艳梅老师、麻江教育局教研室刘运辉老师都说要备好一堂课，必须先看文本5—10遍，然后再对照课标找要点；第三才初步确定自己的教学目标和教学方法；第四再看诸家教辅资料，最后才根据学生实际确定好教学目标，选定教学方法。由此可知我们平常备课都花不到名师的六分之一甚至十分之一时间，因此，我们培训去培训来，即使学到了名师的方法，也达不到名师的效果。常言道"天道酬勤"，人生在世，要想自己有所成就，那就必然一生在"勤"啊。

三、名言感悟

几天的培训，我没过多的看重名师的教育教学方法，倒是有一些至理名言让我有所感悟。如梁焰老师说到当代教育家吕型伟先生的名言："教育是事业，其意在于奉献；教育是科学，其价值在于求真；教育是艺术，其生命在于创新。"这让我懂得了作为一名教师，只有乐于奉献、敢于求真、善于创新，才能走出自己的新天地。讲到师德，梁老师说："医德如何，十日之间分生死；官德如何，十年之间见治乱；师德如何，百年之间判盛衰。"可见师德是重中之重啊。又如罗福权老师总结说："教师人生有五件事不能等：一是孝顺不能等；二是教育子女不能等；三是强身健体不能等；四是学习不能

等；五是行善不能等。"罗老师说得很符合实际，人生有许多我们等来的却是终生的遗憾和后悔。再如吕传汉教授在给我们讲"培养学生核心素养"时说："只讲成绩不讲素养，害了学生的明天；只讲素养不讲成绩，过不了今天。所以，既讲素养的培养，又抓学习成绩的提高。"这话非常符合当今素质教育和应试教育处在矛盾中并行的实际。罗老师还说："课堂不能全是按课件来讲，要加百分之七十的板书，否则，就是教材搬家。"这个观点我赞同，因为板书能直观清晰地留在学生的脑子里，便于学生笔记。不过我认为只需加百分之三十至五十的板书就可以了，还是以课件为主，板书为辅，这样才能提高课堂效率。

2015年8月8日

2017年培训心得

为了大力提升自身素质和教育教学基本技能，本学期我自始至终参加了"国培计划（2017）贵州广播电视大学送教下乡"到我县的培训活动。并深感受益匪浅，现将心得体会概述如下：

一、教有方法，教无定法

本期"国培计划（2017）贵州广播电视大学送教下乡"到我县一共开展了四次教学观摩研讨活动，本人有幸观赏了地方教学能手和外地名家的公开课。在这些公开课教学研讨活动中，使我深有感触到无论采取什么教学手段，只要自己能得心应手地施展，只要学生能愉快地学有所获，那么这就是一堂成功的课了。如11月7日在麻江二中听了二中王霞老师和遵义师范学院附属实验学校王晓敏老师所上的《昆明的雨》同课异构公开课，其教学方法就各有千秋。在开讲课文时，王霞老师能结合当天的天气状况（有小雨），通过与生谈话而自然导入新课，让学生立刻走入雨的世界。而王晓敏老师则采取激情朗诵有关雨的美文诗句，温馨导入新课，别有一番风味。在分析讲解课文中，王霞老师能抓住文中所描写到的"采杨梅的姑娘"，以及"仙人掌""菌"的种类等景物来分析"昆明雨"的特点，从而向学生传授散文"形散神聚""借物抒情"的写作技巧。而王晓敏老师则重在引导学生分析品味文章优美的语言特色，并在归纳总结中将文本写成小诗，让学生朗读，从中获得美的享受。两位老师的教学方法都值得欣赏，由此，我才真正体会到"教学"是一门艺术，至于选择什么样的方法传授，应根据个人所具备的文化素养和擅长的风格，并结合学生的实际情况来确定，不必刻意去模仿名家的方法。如果刻意去模仿那会弄巧成拙的。这就是老生常谈的"教有方法而教无定法"。

二、听师经典语，胜读十年书

在此次培训中也有幸聆听了一些专家的精彩讲座，从中受到了一定的启发，增长了一定的学识，尤其是一些经典的话语。如：在12月26日听了全国特级教师王君老师"青春语文教学之一——暴力语言"观摩课，以及"青春语文核心素养"讲座。尤其是在聆听王君老师关于"青春语文核心素养"讲座中，我拾到了王老师的五句经典名言：其一，我从来都不觉得我丑，都是他们说的；其二，如果学生存在问题，不要从学生身上找问题，要从自己身上去找问题；其三，要跟学生优点去斗争，不要跟学生缺点去斗争；其四，学生是孩子，永远不要跟孩子较劲；其五，我勤奋努力，如果不能给学生、家人带来快乐，那么这种勤奋毫无意义。我从王老师这五句话中感受到了王老师之所以成为名家，是因为她心胸宽广，积极向上，乐观做人，勤奋努力。也受到了很大的启发，那就是对自己要乐观自信；对学生要宽容体谅；对工作要奋斗付出有意义。真是：听师经典语，胜读十年书。

三、成功在于"爱""勤"二字

有句名言叫"热爱是最好的老师"。在培训中纵观名师、专家成功的道路首先在于一个"爱"字。因为有爱才有付出；有爱才会勤奋；有爱才乐此不疲。所以作为老师只有爱教育、爱学生，才能会辛勤耕耘；才能一心扑在教育事业上，为党和人民的教育事业作出应有的贡献。

那么有了爱心，就必须得勤奋，常言道"天道酬勤"，就是这个道理。王君老师从乡村幼儿教师到小学教师，再从小学教师到中学教师，再从中学教师到大学讲师这样一步步的成功经历，正是"勤"字的真实写照。

浅谈班级管理的点滴体会及一些困惑

——在坝中首届"班主任沙龙会议"上的发言

尊敬的各位领导及班主任：

很高兴参加我校自建校以来首次举行的"班主任沙龙集会"，既然是沙龙集会，那就让我们敞开心扉，各抒己见吧。

我虽然在坝芒中学担任班主任工作多年，但也没什么丰富的经验可谈。在这里只不过是将自己自认为成功的点滴体会以及所遇到的一些困惑向诸位谈谈，同时也很想知道各位的高见。

一、班级管理的点滴体会

下面我就先谈谈自己认为成功的点滴体会吧。我自认为以下几个方面是我在班级管理上比较成功的做法：

1.思想教育为主，规章纪律为辅

我们都知道任何学生的犯错都是思想认识的过错，如果他思想不通，那么背着老师家长还是要犯同样的过错。因此，每当我的学生犯错时我总是先找其谈心，让他心服口服后才按班规惩处。

2.制定好《学生操行考核实施细则》并努力执行

我知道任何班主任都会对本班制定有"班规班纪"，但班规班纪的最终落实还是在"学生操行考核"上。因此，每个学期我都十分重视"学生操行考核"的制定和完善，并督促班长、纪律委员认真执行。此外，期末结束还在成绩单上告诉家长，让家长了解自己的子女在校表现情况。

3.营造好育人环境

育人环境包括教室和寝室。我认为抓好育人环境的建设可以感化学生，可以陶冶学生情操，对学生树立远大理想起到潜移默化的作用。因此，我所接手的班级不管学校是否作要求，我都须在新学期开学初就着手对教室、寝室作好文化布置及装饰。对于教室的文化布置和装饰一般是悬挂或张贴本班师生的书画作品，其内容都是有关励志的名言或景物等。在窗台摆放一些花草，一来可以调节空气，二来可以使教室显得优雅。至于寝室则是悬挂或张贴有关温馨、团结、为人处世的条幅和寝室公约等，此外还设计好门牌号的雅称，如男生寝室取名为"鸿鹄之室"（表示有志向，志存高远），女生寝室为"温馨之居"（表示和睦相处，以校为家）等。

4.适当开展班级文体活动和校外实践活动

适当的有益活动能使学生在紧张的学习生活中得到有益的放松，同时也使学生的爱好和特长得到展示和发展。此外，还能增进师生的情感交流，这对"教"和"学"都起到很好的促进作用。因此，我所带领的班级基本上每学期都要结合重要的节日来开展一次以上的班级文娱晚会活动，如"'纪念一二·九，弘扬爱国主义精神'文艺晚会""'谈爱国，粽子飘香念屈原'文娱晚会"等。此外，每学期或每学年也要开展一次以上的校外实践活动，如2010年4月开展"'热爱大自然'野外主题班会活动"，2019年3月26日开展"弘扬红军精神，参观猴场会议会址"活动。

二、班级管理的主要困惑

1.为人处世差，具体表现为不会感恩和礼貌待人

我通过开展主题班会、举身边实例、讲名家成长故事、个别谈话等多种方式进行教育，但无论我怎样教育，能受到感化的人很少，没有收到良好的效果。

2.学生缺乏刻苦奋斗精神，理想不远大

从目前表现状况来看很好，大多数都能早起，自习课很安静，基本上能做到入室即静，入座即学。但有部分同学都是由于各科任教师的作业压力而被迫形成的，并不是自己积极主动养成的。

我也通过开展主题班会、讲名人名家成长故事以及自身经历等方式进行教育，但收效还是不大。许多同学好像无动于衷，在周记中根本没有啥反应。

3.升旗仪式学生不敢大声唱国歌，课间做武术操学生不敢大声呼口令

虽然我在班上已作了严格要求，并列入操行考核，但大多数同学宁愿被扣分，总是觉得好像是可耻的事情，就是不能自然发出高昂的声调来。

2019年12月9日

（四）总结讲话发言稿选

I.参加会议讲话发言稿选

在2011届九（1）班
毕业座谈会上的讲话

亲爱的同学们：

　　在中考即将来临的时刻，在大家即将离开母校的时刻，今天，我们在这曾经日日夜夜苦读攻关过的教室里举行毕业座谈会、毕业会餐、毕业晚会，很有意义。今天，我们也非常高兴地看到在百忙之中接受我们邀请，并来参加我们座谈会的校领导、我们的科任老师和其他老师以及我们部分同学在小学时的老师，也是我25年前的学生——坝芒中心学校文晓琴老师，还有刚结束高考的2008届部分同学，在此，我们一并表示最热烈的欢迎和衷心的感谢！

　　同学们，还记得当我们系着红领巾迈进中学大门时的那种"唯将终夜常开眼"的第一夜兴奋之情吗？还记得当我们头顶烈日在操场上"一二一"的军训步履吗？如今回首，已经三年过去了。三年寒窗，弹指一挥间，分别犹在昨天。三年来，我们得失颇多，感受颇深。想必每个同学在今天的座谈会上将一言难尽我们的师生之情、同学之情；一言难尽我们对老师的感谢、对同学的祝福；一言难尽父母和所有的亲人，以及学校领导对我们的关心与支持。那么，作为你们的班主任，我深感愧疚，更是一言难尽啊。下面我想首先作个小结，然后再请我们的校领导、家长代表给我们讲话，之后我们师生再各抒己见，畅所欲言吧！

同学们，三年前根据学校工作安排，我幸运地担任了你们的班主任至今。可是令我遗憾的是有的同学由于意志不坚定而中途辍学了。他们有的是缺少父母的管教或父母不在身边而导致自己放任自流，成了无缰野马，因此难以完成学业；有的则是由于父母或爷爷奶奶的溺爱，使自己不能具有吃苦耐劳的精神而放弃学业；有的却经不起各种诱惑，过早地踏上了那条芳草萋萋的早恋之道而葬送了自己的青春年华；而有的是由于受到在外打工青年的影响，故放弃学业而过早地踏上了打工的艰辛之旅。此外，有的则是因为在校不守纪律，屡教不改，让家长、老师感到失望。这些同学每每让我想起就感到遗憾和惭愧，因为这也与我这个班主任做思想工作不得力有关。但大多数同学能够坚持到今天，也让我感到无比的欣慰。

亲爱的同学们，如今九（1）班的你们和2008届的九（1）班的同学，我作为班主任都一样地尽了自己的职责，付出了同样的辛劳。唯一不同的是我带2008届的同学上山抬板子、扛树枝，在校园挖池塘、平整操场、打河边水泥道等，而你们未能体验到这样的劳动生活。再一个是我为你们从初一起就在教室安装了电视，而2008届的同学从未享受过在教室看电视的乐趣。同学们，在教育教学上，在各种文娱活动中，我对你们虽然已经尽了力，但尽力未必能把大家教好。因此，在上学期末和本期末当我要求同学们要发自内心地骂我一句时，才知道自己有许多不足之处。上学期大多数同学都向我提出了宝贵的意见，只有一个同学直接说很瞧不起我。我当时毫不介意，但我也在反省自己，努力找出自己的不足并加以改正。可没想到这学期更让我惭愧，反对我的人反而比上期多起来。有的说我要求大家早起晚睡受不了；有的把我说得一无是处，没什么优点；有的还骂我是变色龙；有的说我偏心等等。这次让我实在地感到心酸了。因此，我本来想把最后一张测试卷——2008年的中考试题改出来，而最终却因此放弃了。并且还想放弃对于这次毕业酒会的举办。可是我又找到许多慰藉的地方，如有的是这样写的："埋头苦干，不计回报，只为学生想，不为自己想，只会默默无闻地付出，不在乎学生的不解与流言……罗老师，您傻啊，您是个傻子，您就是一个超级大傻瓜。"再说也有许多同学道出自己内心的感激，还有的同学本来在开学前就打算转学的，可家长对我说他舍不得离开我，所以才未转成。记得上期开展书信大赛时，他还写给我，称我是他的第二父亲。其实，我对这位同学并没有付出很多，要说偏心我也从未偏向过他，可他却这样高度地评价我，反使我感到内心有愧啊！想到这些，我"唯将终夜常开眼，报答平生未展眉"。于是才由阴转晴，终于在今天让同学们如愿以偿。

亲爱的同学们，我知道自己有许多不足之处，比如有时看到同学们一些重大违纪和不良现象爱发脾气；有时对同学们的教育缺乏耐心；有时总偏心向热爱学习、遵守纪律的同学，但有时也偏心向不爱学习、不爱遵守纪律的同学，可是总适得其反，我是恨铁不成钢啊。也许是老师的方法不对，也许是你缺乏家庭的教育，也许是你的懵懂之心还未开窍，那么，今天在我们师生即将分别的时刻，很遗憾我没有读懂你，你也没有读懂我。或许你一辈子将我记恨在心，或许等到不知什么时候，或为人父母，或做人之师，那时你才补上今天你最不想说的一句话，就像我25年前在基东中心学校任校长时曾经开除过的一名学生一样，那位学生后来长大参军入伍后才从部队写信给我认错，认我为恩师，还说就因为我那时对他的严重处分，才使他后来明白了做人的道理。

亲爱的同学们，假如时光能够倒流，我还愿做你们的班主任，用最大的努力来弥补我们师生的缺憾。可惜岁月不留情，说起分离就分离。那过去了的就让它过去吧！一切都如过眼云烟。我没有带好大家，在此只能说声对不起了。

亲爱的同学们，校园毕业如姑嫁，发发别时皆莫同。在中考即将来临之际，你们犹如出嫁的大姑娘，将会一发胜过一发。不管你们的针线做得怎么样，都要统统嫁出去，这是人生道路的转折点。相信你们在离开娘家母校之后，会去创造新的美好的生活。在此，我也希望同学们要一颗红心，两种准备。不管是进高中，还是进职中，还是走其他的门路，只要心中有理想，有奋斗目标，凭着自己的能力和境地，以及兴趣爱好，踏踏实实做事，堂堂正正做人，这就是中国近代启蒙思想家梁启超先生所说的"天地第一等人"。

最后，让我吟诵一首小诗谨作为寄语吧：

三年韶光一瞬间，师生将别感万千。

犹记校园军训苦，未忘野外踏春欢。

晨跑时见山间月，早读常伴鸟声甜。

如今聚散一杯酒，望生壮志在蓝天。

2011年6月12日

在2014届九(1)班
毕业座谈会上的讲话

亲爱的同学们:

昨天中考结束了,也就意味着我们已经初中毕业了,将要与亲爱的母校和敬爱的老师告别了。为此,今天我们特举行毕业座谈会暨毕业晚会,我想这是很有意义的,希望大家要珍惜这人生唯一的机会,尽情地表达自己的心声,畅谈自己的感想,这样才让我们人生的足迹留下美好的印象。那下面就先让我来讲几句吧!

讲什么呢?这让我一言难尽。三年韶光,弹指一挥间。我们一路走来,有苦有乐。烦恼和快乐伴随着你们成长,也伴随着我衰老。但作为你们的班主任,我感到深深的愧疚。因为我虽然做了很多的努力,但还是没有带好同学们,使同学们无论在为人处世方面,或是在接受知识方面,都还不够理想。再说,我本人性格也不够好,有时缺乏耐心,对一些同学的犯错总是爱采取粗暴训斥的手段。三年来,我处罚过许多同学,也许有的同学到现在还怨我、恨我,但没关系,只要将来你能理解老师是出于好心对待你,只是方法不当而已就行了。假若你始终不能理解,那就怨吧、恨吧,一辈子把我当做敌人都可以,我不会有什么怪罪的。除此之外,作为你们的班主任,我有许多愿望和想法却因种种原因而无法实现,真令人感到非常遗憾。如：在2011届毕业座谈会上，我就曾经说过，假若下一届还当班主任的话，我要带领同学们登上斗篷山天池去春游，让同学们仰望天高云淡的壮观，俯视万山重叠的壮景，可这一想法最终还是未能实现。又如今天本来想要好好举办一次毕业酒，可也未能实现等等。

亲爱的同学们，我来到坝芒中学已经整整九年了，也是坝芒中学成立以来的第一位老师，所带的班级到今天连你们一起算，我已经送走了三届同学。三届同学，在个性、学习、为人处世等方面，都各不相同，实在令我感慨万千，真是"年年岁岁花相似，岁岁年年人不同"。

亲爱的同学们，分离在即，人生却有许多缺憾，假若时光能倒流，我愿弥补这一缺憾。只可惜"世上无药医后悔，人生有谁再少年"。不过，也因为这别离，缺憾成美，那就让我们在离别之后，在未来的人生岁月中去创造缺憾之美吧！

最后，我想向同学们提出三点希望：一是无论你将来干什么，路要走正；二是要志存高远，静心、刻苦地完成好自己的学业；三是要学会遇事三思，长远打算。

2014年6月23日

在坝芒乡国学经典进校园
诗书画大展赛活动总结会上的讲话

尊敬的县关工委、县教育局、坝芒乡党委、政府领导，以及到会的校领导、村领导、老师们、诗书画爱好者朋友们、亲爱的同学们：

大家都辛苦了！我乡首届国学经典进校园诗书画大展赛活动历时一个多月，终于在今天圆满结束了。在此，我首先代表这次活动筹备领导小组，向关心支持我们这次活动的县关工委、县教育局、坝芒乡党委和政府、坝芒乡教育辅导站领导，以及各村领导和各校领导表示衷心的感谢！同时也向积极投稿参赛的诗书画爱好者朋友们，以及中小学的同学们表示感谢！

朋友们、老师们、同学们，今天是伟大的"一二·九"爱国运动七十九周年纪念日，在这具有历史意义的重大日子里，我们进行国学经典朗诵比赛和活动颁奖大会，其意义也非常深远。在这里，我们不仅继承了我国古代固有的文化艺术，还弘扬伟大的爱国主义精神。因为国学经典也有许多关于爱国的名言警句，爱国需要的是思想和行动，国学经典让我们学会具有爱国的思想，往后我们才能产生爱国的行动。

那么，对于国学经典的学习，我们有何收获呢？下面请允许我代表本次活动筹备小组向大家作一下总结吧：

一、本次活动所收到的参赛稿件情况

本次活动共收到硬笔书法稿件245幅，其中成人稿件87幅、中学生稿件98幅、小学生稿件60幅；软笔书法稿件62幅，其中成人稿件25幅、中学生稿件30幅、小学生稿件7幅；绘画稿件111幅，其中成人稿件3幅、中学生稿件49幅、小学生稿件59幅；诗歌稿件25首，其中成人稿件11首、学生稿件14首。在众多稿件中，除一幅软笔书法精品属外乡镇的作者外，其余均为我乡作者作品。

二、关于本次活动的设奖变动情况

1.在成人组软笔书法中收到贤昌镇高枧村村民杨代福的小楷精品，因此，特增设一个特邀奖，并按一等奖奖励对待。

2.软笔书法小学生组由于稿件极少，仅有乐坪小学交来7幅作品，并且才刚发蒙，无法评奖，故均以优秀奖给予鼓励。

3.由于诗歌组学生稿件超过成人稿件，故增设优秀奖。

4.本次活动可以看出我乡诗书画参赛稿件质量不够理想，但亦有众多爱好者比较认真，因此，特将优秀奖由10元奖品提为20元奖金，以此激励大家不断努力。

三、本次活动经费收支情况

1.收入：本次活动得到县关工委拨款6 000元支助，乡政府拨款支助5 000元（尚未到位），此外，坝芒中心学校挤出办公经费1 500元，坝芒中学挤出办公经费2 000元，共计本次活动资金为14 500元。

2.支出：16 705.4元

（1）海报、幕布制作、纸张费用共花去1 008元。

（2）上下工作联系、下乡宣传、张贴海报所花油费320元。

（3）筹备会、启动会、培训会、颁奖会等开支5 247.4元。

（4）颁奖奖金：10 130元。

收支两抵超支2 205.4元。

四、本次活动中有值得我们学习的民间艺人，以及一些对艺术追求完美的师生

艺术是一种高雅的爱好，它可陶冶情操，成就你的美好未来。我们能创造艺术，不仅能使别人得到享受，同时再让别人欣赏自己的作品时，自己就感到是一种幸福。因此，我们要有执着的追求，要有艰苦的磨炼。下面，我想向大家介绍几位值得我们学习的艺术爱好者：一位是来自夏同和状元第的贤昌镇高枧村村民杨代福同志，这位艺术爱好者能安贫乐道，将自己不怎么宽敞的房屋的三分之一用来作为自己的艺术天堂，每当农闲时间就在此挥毫泼墨，真可谓是"苦中作乐，忙里偷闲"；另一位是我们坝芒街上卖豆腐罗世普同志，他的爱好与特长是绘画，主要擅长山水画。在他的楼上也同样用一间屋室来作为自己的艺术园地。一边做辛苦的体力劳动找钱，一边又以脑力劳动刻苦创作，以此来为自己寻找快乐；此外，还有像身残志坚的坝芒新寨的罗熙举同志，他虽然自幼小得病，腿脚不便，但他超过了一般的人，不仅能外出打工，自找门路赚钱，而且还能笔耕不辍，经常创作诗歌发表在麻江《金秋诗歌辑》，他的诗是写得不错的。我们学校当中也有对艺术追求完美的同学和老师，如坝芒小学罗世标老师是大家所熟知的，他不仅擅长国画，在书法、诗歌方面也很优秀，这种才艺并不是与生俱来，而是通过长期刻苦磨炼得来的。还有我们同学中如九年级的龙菊、罗晶晶，七年级的王凡、罗宏欢、罗栓、罗传艳等，

这些同学在这次参赛中抱着非常认真的态度，用心创作，反复创作，不厌其烦，这样的同学只要能坚持到底，我相信终会成大器。

尊敬的老师们，诗书画爱好者朋友们，亲爱的同学们，学习国学经典并不难，想培养自己的艺术细胞、提高自己的艺术水平并不难，难的是缺乏意志力，缺乏恒心。因此，最后让我以国学中的《为学》名句和大家共勉吧：

天下事有难易乎？为之，则难者亦易矣；不为，则易者亦难矣。人之为学有难易乎？学之，则难者亦易矣；不学，则易者亦难矣。

谢谢大家！

2014年12月9日

注：本人当时是筹备小组组长。

在庆祝第三十一个教师节暨全县优秀教师表彰会上的发言稿

尊敬的各位领导、老师们：

大家上午好！

在全国第31个教师节里，我能参加全县教师节表彰大会，并作为优秀班主任代表上台发言，深感荣幸和高兴。

其实，我并不怎么优秀，虽然从教已经三十多年，但现在只是一位微不足道的普通中学教师和班主任。今天要我登台发言，我只想把自己在教育教学工作实践中的做法、体会，以及所取得的点滴成绩作一个概述，与今天到会的各位老师共同分享和共勉。

我从教至今已整整三十五年，经历过六所学校。我是2005年3月从向阳小学（即麻江二小）调到坝芒中学的，当时局领导调我去是为筹建坝芒中学。学校建成后我就一直在那里待到现在，并且一直担任班主任工作至今。我虽然已年过半百，但仍需继续努力学习，努力探索教育教学方法。"老牛自知夕阳晚，不用扬鞭自奋蹄"一直就是我的座右铭。

在坝中十年来我已经顺利送走了三届学子，对于每届学生我都本着如何带好，如何教好这样一颗责任心去努力探索其教育教学方法，兀兀穷年，锲而不舍。在寒来暑往的辛勤耕耘中，我饱尝过失败的辛酸，也享受过成功的喜悦。从2008届到

2014届，我开始接手时其学习总成绩在本校全年级都是倒数第一。但经过我与各科任老师的努力协作，均能逐步上升，到初三中考时就变为正数第一了。作为班主任，能取得这么一小点成绩，我有如下切身体会：

一是先学会育人。现代著名教育家陶行知先生说："先生不应该专教书，他的责任是教人做人；学生不应该专读书，他的责任是学习人生之道。"因此，作为班主任首先是把教会学生做人为己任，要达到此目的就得舍得花时间与学生交流，走入学生心灵。只有对学生了如指掌，才能对症下药地作好学生思想教育工作；二是要热爱关心学生。关心是严和爱的表现，对学生既要严格要求，又要有慈母般的心肠，从精神和物资上给予施舍，并有无私奉献精神；三是不计较个人得失，不追名逐利。人世间有两种奖状，一种是像今天我们上台领取盖有大印的奖状；一种是无纸质无公章的流传在民间的口碑；而我更追求的是后一种。因此，我的教育观点是只想把学生培养成为一个有道德、有理想的人；一个学会处事、学会感恩的人；一个能凭自己能力找到一份适合自己的职业之人。正因为这样，我的学生不管是在外打工，或是在读大学，他们都经常通过发短信来慰问我，大事小事都要找到我，好像我永远都是他们身边的班主任。

教育好学生，帮助学生筑梦，我认为是自己的光荣和职责。因此，我不羡慕腰缠万贯，也不追求飞黄腾达，平生淡泊名利，终守杏坛。此外，对工作环境我也毫无选择，随遇而安。当年我被调到坝芒中学时，有许多亲友都担忧我不知何时才能调出来，但我从不考虑如何调出，也从不向上级领导提出调动。其实，我曾经有过六次被调到县城的机会，其中还有三次是改行，但我都放弃了。因为每次当我把能调动的消息告诉学生时，他们的眼睛就湿润了，并且都恳求我陪他们到毕业。就这样送走一届又一届。

尊敬的各位老师，我说这些让大家见笑了，因为我相信大都做得比我更好，也相信大家在教育这片沃土上都会有各自的新天地。但不管怎样，我们都怀揣着一个中国梦，在教育事业的道路上努力跋涉。希望我们牢记习近平总书记所说的"四有"好老师的标准，并以"四有"好老师的标准来严格要求自己。让我们努力拼搏，不甘落后，齐心协力，共同谱写麻江教育新篇章吧！

我的发言完毕，谢谢大家！

2015年9月10日

注：此文是我在参加麻江县2015年教师节表彰大会上作为优秀班主任代表的发言稿。

在2017届九（4）班
毕业座谈会上的讲话

亲爱的同学们：

大家下午好！中考战场已经顺利结束，两天过去了，按理说同学们已经毕业离校了。然而，今天大家又齐聚一堂，在教室里举行毕业座谈会暨毕业晚会，以此方式来告别母校和老师，我觉得很有必要，很有意义。在此，我首先代表同学们衷心感谢前来参加的校领导，以及各位科任老师和其他教职员工，请大家以掌声致谢！

同学们，三年寒窗，相聚犹在昨天，分别将在此时。三年来我们师生之间、同学之间相处的日日夜夜，在校园生活的朝朝暮暮，一切都如过眼云烟，但一切都难以忘怀。如今蓦然回首，仍历历在目。

我们怎能忘怀七年级阶段那种刚进校你望望我，我望望你的陌生面孔；那种在烈日高照下，飒爽英姿、步调一致的军训场景；那种抑扬顿挫、铿锵有力地诵读国学经典的精彩场面；那种怀着青春的梦想步入凯里一中、夏同龢状元第参观学习的美好情景；那种翻山越岭、红旗飘飘、歌声嘹亮的春游快乐景象……

我们怎能忘怀八年级阶段那种古韵悠悠、原汁原味的山歌传唱比赛劲头；那种信步在金海雪山田野间大饱眼福、怡然自乐的踏春景象……

我们怎能忘怀九年级阶段那种上山打柴烧、四处炊烟起、合作调美味、饭菜任飘香的野外求生实践活动画面；那种缅怀革命先烈，祭扫革命烈士的献花默哀的感人场面以及游园活动……

还有，我们怎能忘怀每个年级阶段的校园冬季运动会的那种拼搏、呐喊的激烈场面；还有红歌传唱、山歌传唱、十佳歌手比赛的那种余音绕梁的动听情景；还有在班级文娱晚会中那种自我展示、兴致未尽的欢乐良宵……

当然，在这些青春的足迹中，我们更不能忘怀那些日夜辛劳，为我们辛勤付出的各位科任教师，以及食堂、宿管、门卫的伯伯阿姨们；我们也更不能忘怀学校各位领导对我们的关心支持，以及学校全体教师的相互关照。

总之，一路走来，我们不光难以忘怀在学习生活中所留下的青春足迹，还难以忘怀陪伴我们成长的学校全体教职员工，以及校园里的一草一木。因此，今天我们召开毕业座谈会，吃毕业酒，举行毕业晚会，其目的一是畅谈感想，展望未来；二是学会感恩，不忘母校。

亲爱的同学们，我们师生之间、同学之间，虽然曾经有过许多不愉快之事，但也有更多快乐之事；也许我们曾经为一些鸡毛蒜皮发生过不必要的争执而各自感到耿耿于怀；也许我们曾经也为一些疑难问题而共同合作探究并获得成功而感到快乐不已……那么，不管是快乐的还是感伤的，都将成为过去，成为历史，我们只能留在人生的记忆匣子里。也许等到有一天，我们学会了鲁迅先生的"朝花夕拾"，那毕竟是丰富我们人生经验的宝贵财富。

亲爱的同学们，我们一路走来虽然有喜有忧，但我作为你们的班主任和语文科任教师更感到有些缺憾。主要一是杂事多，不能及时与同学们沟通，致使一些同学在处事、学习等方

面存在的问题未能得到及时解决；二是没有补全小学阶段存在的知识漏洞；三是未能将同学们的初中阶段的人生轨迹编印成册或制成光碟带走作纪念。在此，只能和大家说声"对不起"了，希望同学们多多包涵。

亲爱的同学们，明天你们就要正式离开自己的母校了。为此，作为三年来一直担任你们班主任的我，虽然微不足道，也不够称职，但我还是寄语同学们以下几点希望：

一是希望同学们志存高远，要为自己的梦想持之以恒地努力奋斗。虽然努力不一定实现，但坚持努力奋斗总会有到达自己能够到达的彼岸，正如常言道：莫嫌海角天涯远，但肯摇桨有到时。

二是希望同学们在步入人生下一站时要走好自己的人生之路。这主要关键在于两点：一不要过早踏入荒草萋萋的早恋之路；二不要走上罪不可恕的不归之路。

三是希望同学们永远都要学会感恩，这是做人的基本。不管你将来是一位高官厚禄的人，还是一位普通的布衣草民，都得学会饮水思源，感恩父母，感恩老师，感恩社会。尤其是那些得到资助的同学更应该学会这一点。

最后，希望同学们在今天的毕业座谈会上各抒己见，说说自己三年来的感受和未来的打算与大家共同分享。并在今天的毕业晚会上要充分发挥自己的特长，用文艺的方式尽情地展示自我，为我们的人生留下一个"难忘今宵"吧。

谢谢大家！

2017年6月28日

在2020届九（4）班
毕业座谈会上的讲话

尊敬的各位校领导及各位科任教师、亲爱的同学们：

大家下午好！在这瓜果飘香的季节，在这师生拼搏流汗的六月，在这距离中考仅有三天的日子里，今天，我们九（4）班特举行毕业座谈会、办毕业酒、举行毕业晚会。这对我们告别母校，步入人生下一站具有重要的现实意义。

今天的座谈会上，有在百忙中能挤出时间来参加的学校领导，有一直陪伴我们成长的和曾经为我们付出辛勤汗水的各位科任老师。在此，请同学们用热烈的掌声对领导和老师们表示无比衷心的感谢！

同学们，由于新冠肺炎导致今年的春天不寻常，也导致我们今天的毕业座谈会、毕业酒和毕业晚会也不寻常。不仅同学们意想不到会在今天举行，连我这个班主任也意想不到。因为我们原计划在中考之后的6月28日举行。但由于当前首都北京疫情出现反弹，全国疫情防控形势严峻，本来学校是不准许开展这样活动的，在此还得感谢我们唐校长的开恩，我们才有这个机会。虽然是临时起意，没有充分的准备，但是也让我们的三年初中岁月画上圆满的句号，使我们在人生的成长道路上不留遗憾。

亲爱的同学们，毕业在即，一转眼，三年的韶光已悄然离去。如今蓦然回首，往事仍历历在目。

还记得初一我们兴高采烈地踏进初中的大门时，那一张张既陌生又天真可爱的脸蛋，以及一双双求知欲望的眼神；还记得初二我们头顶烈日在操场上那吼声如雷，飒爽英姿的军训场面；还记得我们曾在仙人桥下举行校外实践——野炊活动，那种自我求生的劳动趣味和品味那山肴野蔌的愉悦情景；还记得我们游览下司古镇，饱览古色古香的建筑特色和风景优美的清水江之情，以及参观夏同龢状元第，敬仰古贤的情怀；还记得我们驱车前往瓮安参观猴场会议会址，感受当年红军二万五千里长征的艰难岁月的动人情景。此外，我们更记得初二正处青春叛逆期的那股常与老师作对的较劲，以及悄悄踏入那条芳草萋萋的早恋之路的得意情形。还记得……还记得……真是岁月无情，往事如烟。

亲爱的同学们，这一路走来，这些都是我们初中三年所留下的青春足迹。回顾往事，我们成长的路上有苦有甜，有酸有辣；有烦恼，有欢乐。烦恼和忧愁始终是伴着我们成长的，这是人生道路上的自然规律。然而，到了初三我们应该高兴地看到自己真正地长大了。不是吗？你看无论在秋冬之时的上学期或是在春夏之交的下学期，大家都是在争分抢秒地刻苦学习；寒来暑往总是看到有人起早贪黑在教室里啃书本的劲头；每天大家都能做到入室即静，入座即学；男女生寝室几乎能达到文明寝室的标准，休息也几乎无吵闹现象了；无论室外卫生或室内卫生，都很少出现扣分的情况了；同学们的思想素质提高了，会礼貌待人，会团结拼搏了；早恋现象没有了；重大违纪没有了。这些良好的表现大多都是来自同学们的自觉性，并非本班主任所强行的。在此，我作为你们的班主任感到无比的欣慰，但同时也感到发自内心的愧疚。因为我没有带好同学们，没有把同学们真正培养成为重点班的学生。此外，由于诸多原因也很少与同学们个别交流，没有完全走入同学们的内心世界，使得有些同学心中的困惑没有及时得到帮助和解决。在此，我向大家表示深深的歉意！

亲爱的同学们，明天我们就要离开亲爱的母校，步入人生下一站——中考，此后我们将如同雄鹰志在四方。在此，我向大家提出几点建议和要求：

1.希望同学们要保持良好的心态，在中考考场上要沉着应战，静心思考答题，认真、细心检查答卷，争取考出理想的成绩。

2.真心希望同学们毕业后无论进入高中继续深造，或是进入职业中学学技术走致富门路，都要好好学会磨炼自己，要刻苦钻研，勤奋好学。并且要自始至终完成学业，千万不要半途而废。

3.人生路上要记住：对你很好而让你几乎感觉不到他的缺点的人，不一定是好人；对你要求严格并善于指出你的缺点，使你不怀好感的人，那也许是真正的朋友或好人。

4.离校后希望同学们要走好自己的人生之路，如果你遭遇什么不测，或是有什么困惑的话，只要你还看得起我这个微不足道的班主任，可以直接联系我，也许我会给你一定的帮助。记住，我的号码始终不变。

最后，希望大家在今天的座谈会上能敞开心扉，畅所欲言，并预祝我们的一切活动圆满成功！预祝同学们中考取得优异的成绩！

谢谢大家！

2020年6月18日

缅怀先烈，立志奋发

（2012—2013学年度第二学期第七周）

尊敬的老师们，亲爱的同学们：

大家上午好！今天我旗下的讲话主题是"缅怀先烈，立志奋发"。

今天是4月8日，是王若飞等老一辈无产阶级革命家罹难67周年纪念日。

1946年4月8日，出席重庆国共谈判与政治协商会议的中共代表王若飞、秦邦宪，为了向中共中央汇报请示，和新四军军长叶挺、中共中央职工委员会书记邓发、进步教育家黄齐生等冒着恶劣天气飞返延安，同机的还有八路军军官李绍华、彭踊左、魏万吉、赵登竣、高琼和叶挺夫人李秀文及其子阿九、其女扬眉以及4名美军驾驶人员。当日下午，飞机在山西省兴县的黑茶山遇浓雾失事，机上人员全部罹难。

同学们，老一辈革命家的不幸遇难给当时的革命斗争带来了不可估量的损失。今天，虽然革命早已胜利了，新中国也早已建立起来了，并且也发生了突飞猛进的巨大变化，但是，我们长在红旗下的后辈之人决不能忘记他们，不能忘记为了我们今天的幸福生活而长眠地下的成千成万的先烈们。

前几天我们放假过清明节是为了给自己已故的亲人扫墓，

有烈士墓的地方，各单位也组织人们为烈士扫墓，这就是我们中国人不忘前辈恩德的一种感恩活动。它也相当于西方的"感恩节"，甚至还超过他们的感恩活动。然而，我们不光是只给烈士一束鲜花，给故去亲人一束挂清钱来聊表自己的心意，还要学会立志奋发，将前人未竟的事业完成，将祖国建设得更加繁荣富强，将我们的明天创造得更加美好！

　　因此，从现在起我们必须学会捕捉时间，惜时如金，刻苦努力地把我们的学习搞好。在这方面，许多先贤都为我们做出了榜样。不知大家留心观看了没有，在我们校园的荷塘边的围墙上就选有我乡民国时期的罗熙簿老先生的几首诗，其中有两首就是珍惜光阴，发奋努力学习的，其一曰："日月如梭去太忙，清明刚过又端阳。时光未肯轻虚度，吟得新诗已半囊。"其二曰："回首童龄夜读书，惜阴每到四更初。同年半作青云客，自笑人如命不如。"由此可知，自古以来，一切有所成就的人，或者说是超出常人的人，都无不惜时如金，挑灯夜读。希望同学们要十分珍惜校园这美好的时光啊！

　　最后，让我冒昧吟诵一首小诗送大家共勉：开学一瞬又清明，清明已过万物新。春光易逝莫虚度，策马扬鞭趁天晴。

　　谢谢大家！

2013年4月8日

　　注：本人时为本周值周组组长。

学会挤时间学习，
以优异的成绩向党的生日献礼

（2012—2013第二期第19周）

尊敬的老师们，亲爱的同学们：

　　大家上午好！今天是7月1日，是伟大的中国共产党诞辰92周年纪念日。因此，今天我旗下讲话的题目是"学会挤时间学习，以优异的成绩向党的生日献礼"。

　　1921年7月23日，中国共产党第一次代表大会在上海召开。后因被帝国主义密探发觉，会议又转移到浙江嘉兴南湖的一只游船上继续进行。参加会议的有李达、董必武、陈潭秋、毛泽东、何叔衡、王尽美、邓恩铭等13人，代表全国57名党员出席了会议。参加会议的还有共产国际代表马林等。大会通过了党的章程，选举陈独秀为总书记，宣告中国共产党成立。中国共产党的诞生，开辟了中国历史发展的新时代，使中国革命的面貌焕然一新。抗日战争时期，由于环境困难，不能查记"一大"召开的准确日期，因此1941年党中央决定7月1日作为党的生日和纪念日。

　　老师们、同学们，中国共产党已经走过了92年的风风雨雨，92年来，中国各族人民在中国共产党的英明正确领导下，摆脱和克服了重重困难，从胜利走向更加伟大的胜利。中国共产党党员由原来的57名发展到今天的8 600多万人。党的队伍壮大了，我们伟大的中华民族也强大起来了。现在，全国各族人民、各条战线都在为实现小康社会而努力奋斗，以优异的工作成绩向党的生日献礼，我县这几天也在开展唱红歌比赛向党的生日献礼，上周五晚我校全体教师以饱满的热情和昂扬的精神风貌第一个登台演唱，以9.52分的佳绩博得了观众的阵阵掌声。

同学们，我们作为一名学生又以什么方式来向党的生日献礼呢？那只有学习成绩呀，因为学习是我们的义务，只有把学习搞好了，才能报答党对我们青少年的关怀。那怎样才把学习搞好呢？这就是要学会挤时间来刻苦努力学习。

大家知道时间对每个人来说都是公平的，一天24小时，没有哪个多，也没有哪个少。然而，学会挤时间的人和善于挤时间的人就会比别人得到更多的时间学习。

那么，怎样才学会挤时间呢？雷锋同志说："有些人说工作忙、没有时间学习。我认为问题不在工作忙，而在于你愿不愿意学习，会不会挤时间。要学习的时间是有的，问题是我们善不善于挤，愿不愿意钻。""一块好好的木板，上面一个眼也没有，但钉子为什么能钉进去呢？这就是靠压力硬挤进去的，硬钻进去的。""钉子有两个长处：一个是挤劲，一个是钻劲。我们在学习上，也要提倡这种'钉子'精神，善于挤和善于钻。"看来，要学会挤时间关键在于自己善不善于挤，想不想学。只要你是一个有理想、有追求的人，就会像雷锋同志讲的那样，学习"钉子"精神，善于挤和善于钻。

现在，距离期末统考只有一个星期了。我们应该有一种紧迫感，一是要有时间观念，按时作息；二是要以学为乐，学会占用溜达、闲谈、玩耍的时间来学习；三是做事要追求速度、效率。如整理内务、扫地、洗漱等不要慢条斯理。这些就是挤时间的方式，只要你肯动脑，善于挤，尽管各科作业多，学习

任务繁重，你总会挤出时间来完成的。就如鲁迅先生说的那样："时间就像海绵里的水，只要愿挤，总还是有的。"

同学们，请不要再慢慢腾腾、溜溜达达地浪费时间了，不要忽视一分一秒，著名数学家华罗庚说："时间是由分秒积成的，善于利用零星时间的人，才会做出更大的成绩来。"希望同学们善于利用零星时间学习，善于挤时间学习，好好刻苦攻下学习的难关，以优异的学习成绩来报答党和人民对我们青少年无微不至的关怀吧！

2013年7月1日

注：本人时为本周值周组组长。

准备着，向五四献礼

（2013—2014学年度第二期第九周）

尊敬的老师们，亲爱的同学们：

大家早上好！今天我旗下的讲话题目是"准备着，向五四献礼"。

大家知道，再过两天，五一国际劳动节就要来到了，之后就要迎来"五四青年节"。今天我主要讲的是五四青年节。为什么要讲五四青年节呢？因为这是我们广大青少年的节日，这个节日有着特殊的、深远的历史意义。只要翻开历史，大家都会知道在九十五周年前的5月4日，也就是1919年的5月4日，在北京爆发了伟大的五四爱国运动。当时的青年学生用实际行动捍卫了祖国的尊严，他们走上街头游行示威，抗议巴黎和会承认日本接管德国侵占我国山东的各种特权的无理决定。这场运动使得马克思列宁主义在全国广泛传播，为中国共产党的成立做了准备。

同学们，爱国是永恒的话题，当年先辈们的那种大无畏的爱国精神，我们应当永远弘扬下去。那么，在节日即将到来之际，我们应该准备什么向节日献礼，以表达我们对先辈们的怀念呢？对于这个问题，校团委早已在前两周作了布置和安排，那就是用歌声来表达我们的心愿。上周四已进行了十佳歌手的彩排，许多班级的同学都表现得非常积极，有的班级还利用课余时间和晚自习进行训练，如昨晚上七（3）班、七（4）班都还在进行山歌训练。大家有这样的积极性很好。但我要提醒同学们，我们这次十佳歌手和山歌传唱比赛，应该在前四次的基础上有所进步，不管是现代歌曲也好还是山歌也好，都要讲求内容健康，那就是具有激励我们青少年立志报国、奋发向上、刻苦努力等方面的内容。这样的内容才符合我们弘扬爱国主义精神的主题，此外，还要注意山歌传唱是我们地方的山歌传唱，不是其他地方的。

最后，希望同学们充分利用课余时间进行精心的排练和充分的准备，向伟大的五四爱国运动九十五周年的到来献礼！

2014年4月28日

注：本人时为本周值周组组长。

搞好卫生，增强保健

（2014—2015学年度第一学期七周）

尊敬的老师们，亲爱的同学们：

大家上午好！今天我的旗下讲话主题是"搞好卫生，增强保健"。

今天是10月13日，大家知道历史上的今天是什么日子吗？也许好多同学都不知道，那么，现在我来告诉大家吧，今天是"世界保健日"。1946年2月，联合国经社理事会决定召开卫生方面的国际会议，同年6—7月召开第一届世界卫生大会，世界卫生组织正式成立，总部设在日内瓦，并于7月22日正式批准了由61个国家签署的《世界卫生组织法》。世界卫生组织的宗旨是：提高世界人民健康水平，承担国际卫生工作的指导与协调责任；协助各国政府加强卫生业务，发展与会各国之间的技术合作，并在紧急情况下给予必要的医疗卫生救济；加强对流行病、地方病及其他疾病的防治工作；促进营养、环境卫生及食品、生物制品与药物等国际标准化。为了纪念《世界卫生组织法》批准日，第二届世界卫生大会决定自1950年起，依照《世界卫生组织法》正式确定每年10月13日为"世界保健日"，每年世界保健日都要选择一个与公共卫生领域相关的主题，旨在提高全世界公众对这一保健领域的认识，借此激发起一项长期宣传活动，促使该领域工作的开展。"世界保健日"期间，包括中国在内的世界卫生组织各会员国，都举行纪念活动，推广和普及有关健康知识，以提高人民健康水平。

亲爱的同学们，通过了解"世界保健日"的来历，我们更加意识到搞好卫生工作的重要性，我们要知道无论是环境卫生还是个人卫生，都关系到你我他的身体健康问题。因此，要想确保自己得到良好的卫生保健，那就必须立即行动起来，从我做起，不仅每天注意个人卫生，而且还注意我们的校园环境卫生，这样才能增强保健，使我们茁壮成长，将来才能为祖国和人民作出自己应有的贡献。

最后，我建议，为了纪念"世界保健日"，今天，我们要把校园卫生搞得比平常更漂亮，希望各班同学要彻底打扫好，并注意保洁。

谢谢大家！

2014年10月13日

注：本人时为本周值周组组长。

惜时如金，努力奋斗

（2017—2018学年度第二学期第五周）

尊敬的老师们、亲爱的同学们：

大家上午好！今天我的国旗下讲话主题是"努力奋斗惜秒阴"。

不知不觉中，今天已是新学期开学第五周了，这正如俗话说"光阴似箭，日月如梭"呀。时光犹如匆匆过客，与我们擦肩而过；时光又如匆匆流水，一去不复返，这大家都知道。可是，在逃去如飞的日子里，有多少人能反省自己有多少收获呢？一般来说，有理想、有抱负的人能时常反省自己，并不断总结经验，他们默默无闻地在努力奋斗，千方百计在和时间赛跑。而心中没有奋斗目标，得过且过，做一天和尚撞一天钟的人，他们根本不会反省自己，甚至连今天是哪一月哪一日都还不清楚。

同学们，以上我说的是对待时间的两种人。现代著名诗人臧克家有两句诗叫"有的人死了，他还活着；有的人活着，他已经死了"。我们分别用来概括以上这两种人是恰如其分的，那就是第一种会珍惜时间的人，他们永远活着；第二种白白浪费时间的人，他们虽然活着，其实已经死了。

亲爱的同学们，宋代大学问家朱熹有诗曰："少年易老学难成，一寸光阴不可轻。未觉池塘春草梦，阶前梧叶已秋声。"

希望同学们好好珍惜中学时代的黄金岁月，多从古今中外有关珍惜时光的名言名句和诗词中去感悟时光的宝贵，去了解名家取得巨大成就与珍惜时间的关系，从而得到启示，生发远大理想，成就美好未来！

最后，让我吟诵古代一首无名氏的珍惜时光之诗，与大家共勉吧：

劝君莫惜金缕衣，劝君惜取少年时。
花开堪折直须折，莫等无花空折枝。

2018年3月26日

注：本人时为本周值周组组长。

教师——平凡而伟大的职业

（2018—2019学年度第一学期第三周）

尊敬的老师们，亲爱的同学们：

大家上午好！今天，我旗下讲话的标题是"教师——平凡而伟大的职业"。

大家都知道，今天是我国第34个教师节。但也许同学们还不知道"教师节"是怎样来的，那么，借此机会我向大家简要说说吧。

教师节是一个感恩老师一年来教导的节日，旨在肯定教师为教育事业所做的贡献。不同国家的教师节时间不同，尊师重教历来是我国的优良传统。早在公元前11世纪的西周时期，就提出"弟子事师，敬同于父"。1985年第六届全国人大常委会第九次会议通过了国务院关于建立教师节的议案，会议决定将每年的9月10日定为教师节。所以，1985年9月10日就自然成为全国第一个教师节。到了1994年联合国教科文组织就规定每年10月5日为"世界教师日"。

由此可知，教师历来是古今中外备受尊重的崇高职业。因此，在教师佳节到来的今天，我作为一名普通的人民教师感到无比的骄傲和自豪！并深有感悟到：教师是世界上最平凡而又最伟大的职业。

说它平凡，是因为教师这一职业是很普遍的、平常的，并没有什么稀奇的。只要有责任之心，有奉献之心，有仁爱之心，并且有一定的文化知识水平，都可以成为老师。说它伟大，是因为古今中外任何一个社会、一个国家、一个民族都不能没有老师。可以这么说，如果没有教师，就会亡党、亡国；如果没有教师，人类社会就不可能走向文明，就会开历史倒车，就会回到原始社会上去。

众所周知，古今中外有哪一位国家元首、哪一位工程师、哪一位名人名家、哪一位商家或致富大王等从来没有接受过教育，从来没有得到过老师的教诲和指点？可以说没有，完全没有。老师虽然不是什么名人名家，但老师可以培育出许许多多的名人名家，从这方面看，难道你说老师不伟大吗？

尊敬的老师们，今年的教师节主题是：弘扬高尚师德，潜心立德树人。我们应该甘为人梯终不悔，立德修身育后人，做习总书记所说的"四有好老师"。

亲爱的同学们，古语说"金榜题名光耀祖，三代为官不忘师"，我们不光要学会感恩父母的养育之恩，更要学会感恩老师的教育之恩。感恩不在于送钱财，而在于送真心、孝心，一句温馨的祝福，一个诚挚的感谢，都可足以表达我们的心意。因此，我希望同学们在教师节来临之际，都会千方百计给曾经用心教育过自己的老师，尤其是幼儿园、小学的老师送上一句温馨的祝福，表示你没有忘记过去，没有忘记老师。千万不要进了初中忘了小学，走到高中忘了初中，考上大学忘了高中，等到踏入社会有点名气，却不把老师放在眼里，自认为全靠祖宗保佑成功。这样的人，就是祖辈们常说的"一年土，二年洋，三年四年不认爹和娘"的忘恩负义之人；这样的人是社会上多余的人；这样的人是跟低等动物画等号的人。

老师们，同学们，我们向往着国家昌盛，民族富强的美好未来。愿我们一起努力，教学相长，为国家、为人民做出自己应有的贡献，实现自己人生应有的价值。最后，祝同学们学习进步，祝老师们节日快乐！谢谢！

2018年9月10日

注：本人时为本周值周组组长。

教师——神圣的职业

尊敬的老师们，亲爱的同学们：

大家早上好！明天就是全国第35个教师节了。因此，今天我旗下讲话的标题是：教师——神圣的职业。

说到职业的神圣，近代著名的启蒙思想家、教育家梁启超先生说过"凡职业没有不是神圣的""因自己的才能、境地，做一种劳作做到圆满，便是天地第一等人"，而我要说的教师是神圣的职业除所具备梁先生所说的两点外，还有一点就是教师是人类灵魂的工程师，是太阳底下最光辉的职业！这也是党和人民给教师的美称。但确实也是如此，因为古今中外任何一个国家、一个民族，都是因教育的兴衰而兴衰，都是因教师队伍的强大而强大。可以这么说，没有教育就没有社会的发展，没有教师就没有国家的兴旺。这就是说教师关系到教育的发展，而教育则关系到国家的兴亡。

正因为教师这一职业的神圣，所以在1985年，第六届全国人大常委会第九次会议通过了国务院关于建立教师节的议案，会议决定将每年的9月10日定为教师节。这充分体现了党中央、国务院，乃至全国人民尊师重教的具体行动。

如今，已是第35个教师节了。35年来我们伟大祖国发生了翻天覆地的变化，上天下海取得了辉煌的成果。这正是党中央、国务院、全国人民重视教育，尊师重教的美好体现。

亲爱的同学们，我们每个人要想成为真正的人都必然要经过老师苦口婆心的教诲，无论是平民百姓或是名人政要，都是如此。因此，在我们学会感恩父母的时候应该学会感恩老师，尤其是感恩我们的启蒙老师。千万不要进了中学忘了小学，上了大学忘了中学，得了工作全忘掉了老师。

最后，祝我们全体教师身体健康、勤勉工作，青春永驻，节日快乐！祝全体同学健康成长，努力奋发，学有所成！

谢谢大家！

2019年9月9日

只有吃得苦的人，青春才美丽

老师们、同学们：

大家早上好！今天的旗下讲话我想对同学们说"只有吃得苦的人，青春才美丽"。这也是我今天旗下讲话的标题。

我为什么要这样说呢？其原因是我从2005年8月坝芒中学落成开始招收第一批学子到现在的14年间，我目睹过每一届学子的学习精神和精神面貌，深感今不如昔呀。

只要上了25岁的年轻人都知道今天学校的生活水平和办学条件不知胜过十多年前多少倍。然而，这人吃好了、穿好了、玩好了反而没有刻苦奋斗的精神，这不合逻辑呀，大家说是吗？可事实就是这样，你看，只要一下课大多数同学都往小卖部跑，大包小包的拿，可是一到上课就好像没精打采的，课间操也显得有气无力的，有的吃饭懒得洗餐具，放在盆里让食堂阿姨来收拾；有的晚休不守纪，偷偷玩手机、抽烟、随意讲话等，而早晨却不按时起床；有的周日返校很早就到校了，可是不想进教室学习，只想到街上逛，甚至与校内的或校外的谈情说爱，还毫无愧疚地认为自己成熟了，要自由，要让青春大放异彩。出现这些情况说明什么呢？只有一个字可说明，那就是"懒"，说具体一点那就是：心中毫无理想，无理想者就不愿吃苦，只想得过且过，优哉游哉过日子。如果照此下去，那就印证了两千多年前孟子所说的"生于忧患，死于安乐"这句至理名言了。

不知大家看过著名商人、创业家马云那篇《不吃苦，你要青春干嘛》的演讲稿没有，他在演讲中这样说道："当你不去拼一份奖学金，不去过没试过的生活，整天挂着QQ，刷着微博，逛着淘宝，玩着网游，干着我80岁都能做的事，你要青春干嘛？"还说恰同学少年的时候，在最能学习的时候你选择恋爱，在最能吃苦的时候你选择安逸，却不知道青春易逝，再无少年之时。

所以，只有树立远大理想，为理想而努力奋斗的人，也就是吃得苦的人，其青春才美丽！

亲爱的同学们，最后我还是借马云的话与大家共勉："如果老天善待你，给了你优越的生活，请不要收敛了自己的斗志；如果老天对你百般设障，更请不要磨灭了对自己的信心和奋斗的勇气。当你想要放弃了，一定要想想那些睡得比你晚、起得比你早、跑得比你卖力、天赋还比你高的牛人，他们早已在晨光中跑向那个你永远只能眺望的远方。"

"所以，请不要在最能吃苦的时候选择安逸，没有谁的青春是在红地毯上走过。既然梦想成为那个别人无法企及的自我，就应该选择一条属于自己的道路，付出别人无法企及的努力！"

我的讲话完毕，谢谢！

2019年5月13日

作品篇

（一）可行性报告 （根据校领导安排由本人为学校撰写）

麻江县坝芒中学关于
建立高原训练基地可行性研究报告

为发展体育运动，加强青少年中、长跑及田径运动项目训练，根据黔东南州体育局要求，需要选择一个气候宜人，地理条件优越，生态环境良好的高原地区作为"青少年中长跑田径高原训练基地"（以下简称"高原训练基地"）。由于我校具有得天独厚的人文及地理优势，故特作此可行性研究报告。

一、建立高原训练基地可行性分析

1.基本条件分析

（1）环境优越。我校依山傍水，场地宽阔。目前学校占地31亩，建筑面积6 716平方米，有200米环形跑道一个。但学校操场前面是一坝百亩良田，若有条件可随时征用。

（2）交通便利。320省道经学校门前通往省城、州府，东面到县城仅32公里，并可与凯麻高速、贵新高速交会。西面距黔南贵定县昌明镇不到30公里可上夏蓉高速直达省内外重要城市。

（3）气候宜人。坝芒布依族乡属亚热带温湿气候地区，平均海拔1 635米，年平均气温14.7℃，最高气温不超过26℃。这里冬无严寒，夏无酷暑。

（4）硬件较全。目前我校有教学楼一栋，可设16个教室和理化生实验室各1个，大办公室1个，小办公室6个，远程室1个；学生寝室三栋，可容纳800名学生居住；教师公租房一栋，可住40名教职工；学生老食堂一栋（800㎡），将计划改成师生超市和浴室；学生新食堂一栋（2 000㎡），可容纳1 000名学生同时就餐；有标准水泥球场2个，乒乓球桌6张，健身双杠等1套；有200米环形跑道一个；此外，还有现政府投资在操场西面正修建一栋2 000多平方米的综合实验楼。由此可见，若在我校建立高原训练基地，投资少，见效快。

2.优越条件分析

（1）地理环境优越。我校坐落在省级名胜风景区——仙人桥脚下，坝乐河之畔。尖峰四围，山环水绕；风光旖旎，气候凉爽；校园正面田畴一片，视野开阔，可征用修建标准足球场、田径运动场；旁边有四季流淌而清澈的坝乐河水，可修建成天然游泳池及河畔休闲长廊。若再栽花插柳，点缀其间，到时可见：江边杨柳一排排，运动健儿四方来。爽风吹得人心醉，场上拼搏乐开怀。

（2）训练场地优越。除校园内能修建标准的训练场地外，校外还有两条长跑训练线路：一是出校门往东南面经瓮河村寨至仙人桥脚下，然后转往西面经大栗树村寨返回学校。这是一条硬化了的乡村公路，长约7公里；二是可在320柏油省道上进行训练。因为这条省道车辆较少，除跑麻江、都匀两架中巴车外，平时偶尔仅有一些长途大货车通过，所以可从本校门口出发往西端到大开田处长15公里作为长跑训练路线。

（3）安全环境优越。由于坝芒乡海拔较高，远离喧嚣，生态环境良好，水资源丰富，水质优良。故这里空气清新，绿色植物丰富，有利于运动员身体健康，安全训练，自然环境很安全，这是其一。其二是由于乡派出所就设在校门对面，仅隔一条省道，近在咫尺，使那些不法人员不敢靠近学校进行骚扰破坏。再说坝芒是布依族之乡，布依山寨人民自古勤劳、善良、憨厚，街上从未开赌场，未设网吧，社会治安稳定，因此，社会环境安全。

（4）休闲避暑优越。坝芒山区险峰并存、奇峰罗列，既有悬泉飞瀑、重峦叠嶂，又有千亩草场、高原风光。如距离学校约5公里的省级名胜风景区仙人桥就在学校东南面与学校遥遥相望；距离学校约15公里的西北面就是闻名遐迩的泥河千亩草场，那里牛羊遍地，绿草成茵；距离学校约17公里的西面就是省内有名的原始森林老蛇冲、斗篷山自然风光。这些优越的自然风光景色可供运动员在赛前赛后观山赏水，大饱眼福；休闲避暑，愉悦身心。

3.人文景观及体育文化氛围分析

（1）距校园15公里的大开田村是坝芒乡海拔最高的村庄，这里既是清水江的发源地，又是清朝时期省府贵阳途经广西的重要驿站，至今还残留着康熙皇帝的圣旨石碑。此外，据史料记载，明代地理学家徐霞客曾途经此地下广西考察。他不畏艰险，刻苦探索的精神在民间传为佳话，基于此种情况，有利于激励运动员努力拼搏、奋发向上；有利于对青少年运动员进行励志教育。

（2）近代有民族代表王子良起义英雄故事，距学校5公里的蒋岗村有罗剑雄师长墓，由此可知坝芒人杰地灵，是培育青少年健康成长的良好基地。

（3）氛围浓厚，人才辈出。我校虽然建校晚，但起步快。学校历届领导都非常重视体育工作，当地党委、政府也非常关心、支持学校体育活动的开展。自2005年8月新学校建成使用

以来，学校每年都按期举行冬季田径运动会，并开展纪念"一二·九"文体活动，还有"阳光体育"活动等。这些活动都得到了乡党委、政府的大力支持。学校通过对体育的重视，培养了大批的运动健儿，取得了可喜的成绩。如：2011年在全州中学生运动会中，我校取得团体总分第一名，其中从我校输送到高中的人才有25个项目破最高历史纪录；在全县第七届中学生运动会中，我校荣获男子篮球赛第一名，女子篮球赛第三名；在全县第八届中学生运动会中，获女子篮球赛第三名，其中八年级的甘士丽同学获女子跳高第二名；赵金花同学（现就读于麻江中学）获女子100米栏第二名。由此可知，若在我校建立高原训练基地，我校有能力训练培养出更多优秀的体育人才。

4.器材设施、教师队伍分析

（1）器材设施较全。目前我校有标准水泥球场两个；200米环形跑道一条，同时具备50米和100米跑道；有乒乓球桌六张；跳远沙坑一个；双杠等健康运动设施一套；跳高完整器材一套；排球器材和场地具备，有关田赛、径赛器材齐全。

（2）在不到一年，我校综合实验楼就将建成，到时再多方争取项目资金和政府支持，待上述预想增建设施修建完善，可容纳开展2 000人以上的大型体育运动会。

（3）专业教师队伍稳定。我校现有4名体育专业教师，他们有的毕业于正规的专业院校，有的已通过正规的专业培训，都有较强的专业技术本领。再者，学校也常不惜代价送出培训，此外，学校还不断争取分配名额，使我校体育专业教师队伍能不断稳定壮大，确保有能力、有计划地开展专项体育活动，培养中、长跑专业技术人才。

二、建设规划

要建立青少年中长跑、田径高原训练基地，除了具有得天独厚的自然环境和社会环境外，我校还将对所增设的硬件设施作长远的规划。具体规划如下：

1.争取政府支持，征用教学楼前面20亩农田，用于修建足球场一个；篮球场四个；400米环形跑道一个；跳远沙坑一个；铅球投掷场地一块。

2.修建男、女淋浴室各2个，每个15平方米，可容纳10人同时洗澡。

3.修建一栋300平方米的室内健康运动场地，供各种运动项目训练之用。

4.在距校园100米处的坝乐河上游修筑长50米、宽15米的天然游泳池，同时在靠近运动场的岸边修建长50米、宽3米的具有民族特色的休闲活动长廊，供夏天比赛运动员休闲游泳之用。

5.改建校门，使之成为具有布依民族特色和高原训练基地特点的标志性建筑。

三、资金预计（共400万元）

1.征地20亩，按2万／亩计算，大约共需40万元。

2.修篮球场四个（含400米环形跑道），大约共需40万元。

3.修跳远沙坑一个，铅球投掷场地一块，大约共需1万元。

4.修建一栋300平方米的室内健康运动场地，大约共需30万元。

5.修筑长50米，宽15米的天然游泳池，大约共需30万元。

6.修建长50米，宽3米的休闲活动长廊，大约共需40万元。

7.修建男、女淋浴室各2个（在原老食堂处改修），大约共需4万元。

8.改建校门，大约需15万元。

9.修建标准足球场一个，大约需200万元。

四、资金筹措设想

1.争取地方政府支持：10万元。

2.争取县政府财政支持：50万元。

3.争取县教育局、体育局、民宗局支持：60万元。

4.争取州体委、州体育局支持：100万元。

5.争取州民委支持：40万元。

6.争取省体委、体育局支持：100万元。

7.争取省民委支持：60万元。

五、结论与建议

1.结论

通过上述各方面条件分析和规划设想，不难看出我校完全具有青少年中长跑、田径高原训练基地所要求的地域条件、安全保障、生活保障、活动场地、硬件设施、师资队伍等重要因素。只要能争取各级政府和上级单位的大力支持，尤其是州体育局、州体委的大力支持，相信我校"青少年中长跑田径高原训练基地"将会建成全州独一无二的，具有民族特色的优良训练基地；同时也相信我校全体师生会同心同德，齐心全力地通过内练素质、外练形象来提高自己，展示自己，努力办好每一届大型体育运动会，迎接四方英才云集此地，显示异彩，为我乡乃至全县、全州培养体坛健将，提供竞技展示平台，作出应有的巨大贡献。因此，我们认为在此建立一个"青少年中长跑田径高原训练基地"是可行的。

2.建议

随着社会的进步与发展，凯麻同城化建设已在实现。原来四镇五乡的麻江县，现已规划为五镇一乡（下司、碧波已划归凯里市）。坝芒乡作为唯一保留的一个民族乡，且又具有得天独厚的原生态自然环境和高原气候特征，可以说是全州不可多得的天然理想之地，是培养青少年练就本领的理想之地。因此，建议州体育局等有关上级领导能尽量通过周密考察，将我校作为"青少年中长跑田径高原训练基地"是最理想的选择。倘若选定我校，这是明智之举，我校师生将会奋斗，为之报答上级领导的关怀与信任，如若不能选定我校，这也是明智之举，我校师生也将会努力奋斗，为之继续创造条件，再次争取。

麻江县坝芒中学

2014年1月7日

关于申报"麻江县坝芒民族中学"可行性报告

坝芒布依族乡地处麻江西部，距离县城32公里，是麻江县目前唯一的一个少数民族行政乡。该乡总面积为121平方公里，总人口为16 348人，少数民族人口占总人口的82%，布依族占总人口的57%。坝芒中学是坝芒布依族乡唯一的一所初级中学，现有学生586人，其中布依族学生有318人，占全校54.3%。为了有利于长期开展民族教育工作，增强少数民族自信心，以及各民族之间的团结性，同时也为了不断挖掘地方民族特色和原生态文化，故此，特将"坝芒中学"申报为"麻江县坝芒民族中学"，现向上级有关单位谨呈可行性报告如下：

一、申报理由

坝芒布依族乡是麻江县原九个乡镇在建并撤后仅保留的一个少数民族行政乡，且少数民族所占的比例高。为便于开展民族工作，抓好民族教育，既然设为民族乡，那就理应将"坝芒中学"办为"坝芒民族中学"，这也是名正言顺的一件大好事。

二、申报条件

（一）人口分布

全乡辖10个行政村、104个村民组、123个自然寨，共3 874

户，总人口16 348人。其中少数民族人口占总人口的82%，布依族占总人口的57%，符合民族中学申报条件。

（二）地域文化

坝芒布依族历史悠久，千百年来虽然大多习俗，以及民族语言、服饰等已和汉民族同化，但依然尚存一些民族文化。如布依山歌、布依舞蹈、布依织布机、布依奠祭亡灵仪式等传统文化。

在边远高寒的麻江县坝芒布依族乡，勤劳的乡民酷爱唱山歌的历史悠远，大约已有600多年。

坝芒中学为继承和发扬本地民族民间文化，除了把当地布依族舞蹈、布依族服饰、布依族礼仪等引进校园外，目前已编写出了《坝芒山歌传唱经典》（第一集）并付印问世。

此外，还有乐坪戴氏祠堂、蒋岗罗剑雄师长墓等独特的人文景观和美丽的王子良、罗老豆民族英雄传奇故事，吸引了众多游人到此访古寻幽。

（三）民族特色

1.有民族风情

坝芒布依族乡气候凉爽，地域环境奇特。险峰并存、奇峰罗列。既有悬泉飞瀑、重峦叠嶂，又有千亩草场、高原风光。还有省级名胜风景区——仙人桥，以及原始森林——老蛇冲、斗篷山。这些宜人的自然环境养育了布依村民具有憨厚、朴实、热情、好客的优良品质。使布依山寨风土人情浓厚，风俗习惯地道。如"四月八"吃花米饭，"六月六"吃甜粑，"三月三"过布依节等。每当节日到来，男女老少饮酒歌舞，其乐融融。

2.有民族风味

坝芒布依族乡山环水绕，物产丰富。山上有野生猕猴桃、

杨梅等，河里有野生鲤鱼、鳜鱼、娃娃鱼等，因此，布依村民酿出了特制猕猴桃酒、杨梅酒，农家乐里煮出了可口的酸汤鱼、清蒸鱼。此外，还有各种反季节蔬菜和山羊、野猪、麝香、红腹锦鸡等野生动物。正因为布依山区特产丰富，之所以民族风味独特浓重。

三、申报民族中学的意义

众所周知，中华民族是由56个民族组成，各民族都有着历史的渊源，并积淀了优秀的原生态文化和民族特色，对当今社会文明的发展有着积极的促进作用。诚然，坝芒布依族也不例外。因此，申报"坝芒民族中学"，这对挖掘和传承民族民间文化，增强民族团结，推动地方民族在经济、文化、科学、法制建设以及精神文明建设等诸多领域方面有着深远的历史意义和重大的现实意义。

四、申报民族中学的发展思路

坝芒布依族乡气候宜人，山水优美，风光旖旎，民风民俗浓厚，有地道的民族民间文化特色，是休闲避暑、旅游观光的宝地，是传承和发展民族民间文化的培训基地。因此，"坝芒民族中学"如若申报成功，其发展的空间广阔。可以按以下清晰的发展思路走下去：

1.发展民族体育运动

坝芒布依族有着传统的民族民间武术，民间武术有着防身健体的作用。这是一项不可多得的体育活动之一，可以将其在学校开展，逐步发展为全民健身运动。此外，还有爬山、赛马比赛活动。目前，坝芒中学已成功申办为"黔东南州高海拔中长跑训练基地"，一旦"坝芒民族中学"申报成功，可以将中长跑活动与民族民间活动融为一体，不断创造条件，定期举办丰富多彩的民族体育比赛活动。这样能使布依山乡人民生活过得充实，人民体质不断得到增强，为建设家乡和祖国作出更大的贡献。

2.挖掘和传承民族民间文化

布依族山歌，布依族舞蹈，布依族习俗、服饰等都是布依族原生态文化。这些原生态文化内容丰富，并对推动社会文明进步的发展有着积极的作用。就拿布依山歌来说，有曾反映家乡落后面貌的，如"坝芒山水生得恶，海拔高度一千多。常年气候又不好，不是雨多是旱多"；有现赞美家乡巨大变化的，如"坝芒是个民族乡，气候宜人好观光。柏油省道从中过，四季蔬菜迎客商"；有敬酒交友的，如"酒杯斟酒酒杯高，酒杯高上搭仙桥。手拿金壶来献酒，朋友喝酒义气高"等。此外，还有谈情说爱的、击恶扬善的、歌颂勤劳立志的、反腐倡廉的等等。若申报"坝芒民族中学"成功，可以将"布依族山歌，布依族舞蹈，布依族习俗、服饰"等走入校园，让布依族莘莘学子感受本民族的文化，传承本民族的文化。此外，还要将濒临于消亡的一些歌谣、服饰、习俗以及民族语言进行挖掘、抢救，以利于后代传承，并发扬光大。

3.为地方政府打造民族旅游之乡

坝芒布依族乡有省级名胜风景区——仙人桥，有远近闻名的篱河千亩草场和原始森林——老蛇冲、斗篷山。现在这些可以旅游的景点都修通了公路，就差旅游设施和文化品位。要知道一个地方旅游业的发展都离不开地方的民族特色和文化品位。因此，申报"坝芒民族中学"可以在此方面填补空白，为地方旅游业培养输送人才。具体思路是：

（1）将民族风味、民族文化引进课堂，培养学生创作民族山歌、民族舞蹈，了解民族风味即特色。

（2）以学校为载体，将民族文化、民族特色辐射到个村寨，营造氛围。

（3）以学校牵头，政府组织，每年举办一次有关"布依族山歌，布依族舞蹈，布依族风味小吃"等比赛活动，以及布依族纺织、服饰、手工艺等特色展示活动。

（4）在景点农家乐以布依族风味小吃为主，并配以民族歌舞、民族特产、民族手工艺品来招徕吸引游客，使游客在饱览山光水色之余，还能够品尝布依小吃，享受布依风情，带走布依特产。这样就会促使布依山寨经济不断发展，帮助布依人民快步走上小康大道。

综观上述情况，我们认为坝芒中学完全有资格、有条件申报为"坝芒民族中学"。敬请上级有关单位及领导予以重视和考虑，尽快给予批复，以圆坝芒布依族乡人民和坝芒中学全体师生之梦。

申报单位：麻江县坝芒中学

2016年4月18日

（二）散文

爱心铸就求知园

——坝芒中学建校纪实

坝芒乡位于麻江县西部，人称麻江的"青藏高原"，距县城32公里。这里奇峰秀拔，碧水东流，夏则凉风飕飕，沁人心脾；秋则阴雨绵绵，寒气逼人；是个气候高寒之地。

一方水土养育一方生灵。这里居住着16 800多人口，其中布依族占70%以上。那淳朴憨厚、热情好客布依村民，多年来对筹建坝芒中学一直是心怀夙愿，梦寐以求。

历史走进公元2004年，在县委、县人民政府的关心重视下，通过国债资金260万元，著名台胞朱英龙先生捐助35万元，于是布依村民盼望已久的坝芒中学，终于在2005年5月破土动工，次年7月竣工。至此，麻江县最后一所乡级初级农村中学在坝芒宣告落成，了结了坝芒人民多年的心愿。

然而，新学校，困难多，虽有高楼拔地起，附属设施待人磨。由于办学条件滞后，给学校的管理和正常的教学秩序带来很多困难。当初：校园无围墙、无硬化场地，教师无办公桌椅、学生无课桌凳，学生床铺少、校园供水难等等。面对如此众多的难题，坝芒中学首任校长章兴敏足智多谋，知难而进。通过写报告，上反映，下联系等方式，团结班子成员，带领全体教职工，以身作则，身先士卒，爱校如家，兴校为荣。赢得了地方党委和政府以及上级教育主管部门的关心支持和重视，同时也赢得了当地广大群众和村民委员会的大力支持，使得坝芒中学的面貌改观能与日俱增。

2006年8月，坝芒乡党委政府立足现有条件，急教育之所急，想教育之所想，积极为学校办实事。当看到学校黄土一片，灰尘满面的现象后，首先通过各种渠道为坝芒中学筹集资金20万元，水泥30吨，修建了围墙、校门，硬化了两个篮球场，修建了铺砂跑道200米，进一步完善了学校的附属设施工程，为学校的正常教学秩序奠定了基础。其次，又积极向全乡发出"向学校捐赠一块木板，为教育出一份力"的倡议。各村民委和地方百姓都纷纷响应，积极向学校捐资捐款。在此之前，坝河、栗木、瓮址、猫头、开田等村村民都已捷足先登，于2005年11月就开始了支教行动。栗木村两委还亲自把捐赠的木料运送到学校，坝河村、开田村还派村干部、党员协助学校教师砍树。据统计，截至2007年4月15日，所有向学校捐赠树木、人民币的就有以下村的干部、群众：

瓮址村捐赠松木20根，约8立方米，价值2 500元；猫头村捐赠松木10根，白杨树5根，约6立方米，价值1 800元；栗木村捐赠木料约3立方米，价值1 200元；开田村捐赠杉木6根，杂木20根，约11立方米，价值2 700元；坝河村捐赠杉木25根，约12立方米，价值2 800元；水城村捐赠现金600元；坝河村栗木寨组群众自发组织捐赠树木40根（其中罗康会老人捐15根），约18立方米，价值3 600元；坝河村村民陈亚波捐赠松木11根，约4立方米，价值1 300元；坝芒小学罗会江老师捐赠笔松10根，价值1 000元；坝河村马场坝组罗世平老人捐赠桂花树1根，松树10根，人民币100元。

本次捐赠，学校共获赠树木达147根，价值16 000多元，作为风景树用的有11根，价值1 000多元，并获现金700元。

在上述树木捐赠中，仅除栗木村自行送到学校外，其余均为学校教职工利用节假日和双休日时间义务上山砍伐、搬运。老师们常冒着秋风细雨，放弃与家人团聚的时间，义不容辞地到山坡上为学校伐木，大家个个生龙活虎，干劲冲天；在砍伐、搬运的过程中，青年教师总是勇挑重担，抢干重活，让年纪大的教师拿工具、干轻活；如像学校政教处主任罗世勇老师，他好似身强如虎，力拔山兮，每次砍树总是一马当先，大树压肩，并具有先忧后乐的思想；还有像李章乾、唐金桥、杨治能、罗家洪等众多青年教师，他们总是任劳任怨，不仅能吃苦耐劳，而且还能迎难而上；在砍运树木中，经常先行一步到达目的地后又立马返回途中接替其他老师，特别是当大家遇到较大较重的树木时，总是互相合作，齐心协力地把困难克服，从不向困难低头，表现出了一种团结协作、奋发向上的集体主义精神。

曾记得，2005年11月19日的清晨，天上阴云笼罩，地上冷丝如寒。而学校全体男教职工却骑着摩托车，犹如一支浩浩荡荡的队伍开赴离校近三十余里的瓮址村，然后又步行到二三里路的山坡上砍伐该村所捐赠的树木。不料刚砍下树木，就下起了小雨，但老师们毫不畏惧，大家以破釜沉舟的决心把所砍下的树木锯断并搬运到河岸边堆放好，待天干才找车运回学校。在搬运过程中，一个个磨肩弓背，汗如雨水，雨汗难分，真是：磨肩弓背把树搬，哪顾汗流满腮边。天公著意降秋雨，露天沐浴师为先。

像这样经常出门不顾天，只顾建校抢时间的艰辛日子，老师们已习以为常了。随着入冬的到来，天气一天比一天凉，十一二月的坝芒已宛若三九严寒。可是坝芒中学教师却无所畏惧，仍然坚持上山砍树。尤其是2005年11月26日和12月13日两次到大开田伐木的情景真令人难忘：山顶披银装，冰挂树林梢，老师们迎着凛冽的寒风，在那"千山鸟飞绝，万径人踪灭"的大山深处却传来了伐木丁丁的响声，震落了树上的冰块。望着这些宛若冰糖的冰块，令人别有一番感慨，因此该校罗家成便在日记本上留下这样一首小诗："伐木丁丁声远扬，山中持斧落冰糖。村民支教教师苦，苦中作乐乐亦忙。"这就是这次教师们义务伐木的真实写照。

教师们的无私奉献精神何止这些，在硬化校园场地，美好、绿化校园环境等方面也牺牲了大量的休息时间，积极投入到建校劳动中去。如：学校的水泥球场就是我校男女教职工亲自铺石、铺沙、调浆，配合民工打成的。此外，为解决师生洗衣洗澡问题，校园正面下方的河岸堤坝台也是我校教师义务配合民工运石、运砂修建而成的。至于校园的美化、绿化等就更不用说了。

通过广大村民的爱心奉献和各级领导的重视，以及全校教职工的无私奉献和努力奋斗，如今我校的校容校貌已得到了较大的改观，办学条件已有了较大的改善。如教师的办公桌椅和学生的课桌凳已得到解决，学生的床铺已基本得到满足，学校已建立了图书室，理、化、生实验室，修建了14个花园。整个校园环境除跑道不需要硬化外，其余均按要求硬化。此外，还在靠公路旁建有目前全县唯一的不锈钢透明围墙，给学校增添了一道靓丽的风景。

坝芒中学的教师不仅在建校方面作出了巨大的贡献，而且在教学上也洒下了辛勤的汗水，并取得了丰硕的成果。如在坝芒中学成立的第一个新学年的第二个学期中，即2005——2006学年度第二学期，经全县统考统评，全校七年级学生总成绩名列全县第三名，从此摘掉了坝芒附设初中教学成绩历年挂末的帽子。

现在，每当人们走进坝芒中学不仅会被那布局整齐、结构新颖的校园环境所吸引，而且还对学校的办学成就、教学质量均有所赞叹。正因为这样，之所以迎来了众多求知的学子，就连周边临近的外乡县（如谷硐镇、贵定县）的部分学生也纷纷挤进坝芒中学就读。

坝芒中学所取得的这一成就，无不凝聚着校领导的正确决策与实干精神，无不凝聚着学校团结协作的领导班子的集体智慧，无不凝聚着全校教职工团结奋进与无私奉献的精神，无不凝聚着所有关心支持教育者的一片爱心……

回顾过去，令人无限欣慰；展望明天，使人壮心不已。相信坝芒中学的全体教职工将会一如既往地保持和发扬艰苦奋斗和无私奉献的精神，乘风破浪，开拓进取，同舟共济相携手，再创佳绩展未来，愿坝芒中学的明天更美好！

2006年8月

注：此文是2006年为迎接"两基"工作验收，县教育局将编写《教育之花》所应征之文稿。

风情古韵在，校园犹浸香

——记坝芒中学民族文化进校园

真山真水在坝芒，风姿秀逸布依乡。在风光旖旎的坝芒乡，居住着16 800多人口，其中布依族占70%以上。这里的山山水水不仅养育着一代又一代的布依山民，而且还沉淀着古朴典雅的民族风情及乡土文化，远离喧嚣的布依山寨，钟灵毓秀，悠然神远。

然而，由于历史的原因，近年来许多民族文化也未能得到重视和发展，导致一些朴实无华，传情达意的山歌、民谣等民间口头文学已濒临"灭绝"。故此，抢救民间乡土文化已势在必行，刻不容缓。

新建立起来的坝芒中学视民族文化为瑰宝，把民族文化当成一件要事来抓。并将民族文化请进校园，请入课堂。使得这里的莘莘学子获得了一份不可缺少的精神食粮、文化营养。

2007年的5月上旬，在校领导的重视下，学校教导处号召、发动全校师生采取各种不同的方式进行挖掘民间乡土文化。如师生下乡采访民间艺人，调查搜集民歌、民谣，以及民间风俗习惯、民间传奇故事等。

在收集到的众多珍品中，有饶有风趣的民间顺口溜及民间传说。如八（1）班罗世燕同学搜集到的能总结坝芒各地人文特点的"水头的谷桩，新寨的文章；龙塘的打手，假坡的炭火，苗冲的姑娘"，能道出坝芒高岩十八洞远古人烟变迁状况的"高岩十八洞，洞洞十八家，家家十八个，个个出来背娃娃"；有朗朗上口的地名歌，如八（1）班蒙德平同学搜集到的"坝芒景地水门街，东西南北山峰排。大营龙转小营寨，水秀山明犀牛台。赶场中心四门进，紫金桥梁步金街……""坝芒坐地有名芳，五龙抢宝宝在堂。先人设立朝兴寺，和尚庙宇拜灯香……""苗冲高峰仙人桥，名扬地点人来朝。半岩两棵迎客树，只有仙人伸手掏。苗冲下来双河桥，二水交流逝滔滔。瓮河原有财神庙，和尚早晚把钟敲。"这些地名歌不仅道出了地名的特点，而且还描绘出山水景物的特征。还有许多传情达意和描述山水古迹的山歌、酒歌。如八（1）班吴秀娟、杨陆二同学共同搜集到的"坝芒山水古迹多，瓮城有个牛角坡。半坡有个星宿洞，旁边有个神仙窝""坝芒山水生得恶，海拔高度一千多。常年气候又不好，不是雨多是旱多""酒杯斟酒酒杯高，酒杯高上搭仙桥。手提金壶来饮酒，朋友喝酒义气高"；又如八（1）班赵师丽同学搜集到的"……四月敬酒四月八，双手举杯把言发。话到舌头留半句，走到场上想办法。先入半斤得四两，害羞深感脸皮辣。五月敬酒是端阳，五龙抢宝在长江。今晚五龙来相会，大家相会好开腔。大家吃杯雄黄酒，半肚三心挂两肠。……八月敬酒桂花开，客你有事我家来。我家有酒又无菜，客你原谅我开怀……"除此之外，还有一些所谓的民间歌手能根据家乡的时事变迁自编自唱，很有意义。坝河村栗木寨组村民杨连英自编的一首山歌就颇受人们的赞赏："坝芒是个民族乡，好山好水好风光。上级领导来支持，起得中学闹洋洋。民族中学起好了，全乡学子进学堂。去年进了新学堂，今年'普实'老师忙。校长老师多辛苦，想为民族争个光。""太阳出来亮堂堂，照进中学喜洋洋。学生学习很重视，老师上课费心肠。原来坝芒很落后，此时坝芒名远扬。"真是感情真挚，明白如话。

坝芒的山美水美，地灵人杰，因此除上述民歌外，那些有关古迹名胜来历，人物传奇也是一笔历史财富。如栗木村的"将军坡的来历""万人坑的来历""农坟的传说"；苗冲的"仙人桥的故事""药冲的传说""瓮河之说"；大开田的"飞来石的传说"；坝芒的"王子良起反"等传奇故事，美丽动人。

在丰富的乡土文化中，民族风俗也是占有一定地位的。并且每个地方有每个地方的特色，传说来历也不尽相同。如农历"四月八"的来历，在山高水长的民族地区——坝芒，是这样传说的：在很久以前，一位老人犯了法被抓去坐牢，家里人送的白米饭总是被同牢的人抢去了。于是老人就想个办法，让家里人送去的饭用黑色染料染过，因为用黑色染过的饭，不知者认为有毒就不会随意吃了，由此，老人就得以活命。后来为了纪念这位老人的睿智，人们将每年农历的四月初八作为一个节日。在这一天，大人们会教育孩子：想变得聪明，就得读书，脑袋才能富，并将米饭染成各种颜色，象征着人丰富的知识。

为了使上述这些民族文化得到发扬光大，学校在校园围墙内修建了15块水泥黑板，然后分配到各班级，让各班师生根据自己所搜集到的资料进行整理后办成内容丰富多彩的黑板报，使全体师生能在课余饭后增长知识，陶冶情操。

文化是历史的年轮，是人类社会进步的佐证，是人类宝贵的精神财富。因此，每个时代的传承实际上就是文化的传承。风情古韵在，校园犹浸香。让博大精深、古朴典雅的民族风情文化留住校园，惠益于莘莘学子吧！

2006年9月

注：此文是2006年为迎接"两基"工作验收，县教育局编写的《教育之花》应征文稿。

哭我的老师——罗正芳

公元2010年2月10日，也就是农历腊月廿七，那是一个接近大年三十的日子。此时家家户户，老老幼幼，正忙忙碌碌准备迎接新年。然而，就在这天上午我的老师罗正芳突然鹤返仙乡了。我是次日清晨才听到的噩耗。当我急忙赶到老师的住所教师新村时，只见楼前用破旧塑料布搭成的简陋灵堂里，一副黑色的棺材摆放正中，啊！此时哀乐声声，老师与我已阴阳两隔。唉！我来得太晚了，我最敬爱的罗老师，你为何走得这样快呀？再过两天，不就是人间家家户户都要吃上团圆饭，过上火树银花的除夕之夜了吗？难道您就不想和您的家人吃上一顿团圆饭、共度那象征祥和、富足的良宵吗？想着、想着，泪水却无法控制，时不时地渗满了我的双眼，眼前浮现出一幕幕当年老师教诲我们的身影……

罗老师是我读小学和初中时的数学老师。1973年至1978年，我在笔架七年制学校就读，从小学三年级到初中毕业。但受教于罗老师只是在小学五年级和初中二年级。虽然相处时间不算长，但她那和蔼可亲的面容、爱生如子的责任感、认真负责的工作态度、严谨治学的精神，却让我受益匪浅，没齿不忘。

在罗老师眼里，每位学生都如同她的亲生孩子，而在学生眼里，她就像一位慈母。

她从不体罚学生，对于学生的过错，总是以温和的口气细

心教诲。记得在小学五年级时，一位曾经和我同桌的同学数学成绩较差，不爱交作业。自习课上，罗老师特别走到我们的座位上作辅导，并轻言细语地对那同学说："你怎么没交作业呢？是不是不会做呀？"那同学却毫无礼貌地大声说："我做不倒！"罗老师听他话音较重并有些抵触情绪，于是便又亲切地说："不会做没关系，来！老师教你，慢慢学，别人能学会的，相信你也能学会。"就这样，那同学在罗老师的耐心教育下，作业能认真按时完成，数学成绩不断有所上升。还有一天，由于我与几个小伙伴在路上贪玩来迟到了，很担心挨老师批评，可是当我在教室门口喊报告时，罗老师却和蔼地说："快进来吧，好同学！以后要注意早点来才听到课啊！"我当时心里感到很内疚，从此再也不无故迟到了。印象较深的还是在初中她教我们解二元一次方程的时候，有几位同学和我老是听不懂，课堂练习时她除了对我们几个特别关注外，课后还将我们留下来进行辅导，直到我们学会为止。

罗老师对学生作业的批改极其认真。可以这么说，从我开始发蒙读书到教书至今，还从未看到过哪一位老师用楷书批改学生的作业，但罗老师却能做到。不管怎样忙，她每次批改作业不但非常及时，而且总是用楷书将学生存在的错误批改得工工整整，就连打钩号也用楷体。至今我还保存她当年批改过的作业，每每翻来，记忆犹新。因此，那时对于罗老师布置的作业我们总是认真对待，即使做得不对，也要把字写工整，这就是所谓"身教重于言教"的效应吧！这一点精神和良好习惯我至今还未学会和养成，真感到惭愧呀！

罗老师还是个涵养性较强的人。从学生到家长，从家长到学校老师，凡是受过她教育的学生，以及和她交往过、共事过的人，没有一个不说她是个温柔善良，且能忍辱负重的人。她的丈夫吴炳洲老师是一位性情刚强，且一向以"严"字当头而又有着高度责任感的校长。由于严格的学校管理免不了要和一些因一时思想不通的教职工发生口角，可罗老师素来总是默默无闻地工作，从不在旁边插言相助，也从不与同事、领导斗嘴。对于那些好胜心强的人，她只是一个"忍"字对待，也从不争名夺利。

罗老师既是一位慈母，又是一位严师。她的严不光是严格要求学生，还严格要求自己。初二的时候，我是班上的学习委员，每次交作业，她对那些作业马虎、书写潦草的同学从不放过。对这些同学一要求重作，二要重改，对她来讲几乎增加了一倍的工作量，可她从无怨言。此外，每次我送交作业时，总看到她坐在自己的办公桌前，不是看书看报，就是在认真批改作业，从没闲着过一次。

罗老师的这些崇高精神和优秀品质使我难以忘怀，但最令我难忘的还是她的为人。

她待人十分诚恳、热情、厚道。回想在笔架学校读书的那些艰苦岁月，虽然我们比她的长子道广要年长一些，并且也不是同级同班，但还算是好伙伴。寒冷的冬天，我们这些离校较远的穷人家的孩子住在校园里，放学后，那些在校老师的子女也常爱和我们一起玩。罗老师不仅让她的孩子和我们这些衣着不整、卫生不佳的同学玩，还经常关心我们的生活。每次我们去邀道广出来玩的时候，她总是笑容可掬地招呼我们坐下，请我们喝水，有时遇上吃饭还拉我们坐下来吃饭，虽然每次我们都婉言谢绝了，但每次她都这样客气地对待我们，有时还来看我们是否会煮吃（我们住校生都是自己用铊锅、炉灶煮吃）。一天上午，我们煮饭时水放多了，煮成了稀饭，她看到了过来对我们说："你们放了多少水和米呀，才煮成这样？"我说：

"米不到炉锅的二分之一，水几乎满锅了。""怪不得你们才吃稀饭啊！""好！下午我来教你们煮一次就会了。"到了下午，她就过来具体教我们怎样煮饭。她说关于放多少水，要看什么品种的米来定，黏性较大的米要放水少，黏性不大的要相应地把水放得多一些。此外，火力也要讲究，开始用大火，水涨之后用中火，水干之后不用烧火，仅用剩下的火烘烤十分钟就行了。啊！这次煮出的饭多香、多好吃呀！就这样我们再也没有把饭煮成稀饭了。此外，无论在校园还是在什么地方，每次遇到她，总是她先向你打招呼，等你回过神来，便看到她那慈祥的笑容正对着你。一天下午放学晚了，我又因忙扫教室卫生而没有赶上同伴们一起回家，正闷闷不乐地走到笔架公社门口时，突然听到一声："家成，你现在才回家晚不晚啊？"我抬头一看是罗老师，她还背着一口袋米，我知道她是刚从仓库买米回来，于是便急忙说："不晚，罗老师，要不要我帮您把米送到学校后再回家吧。""谢谢你的好意，不用了，你赶快回家吧，不然会黑的。"她就这样谢绝了我。没想到事隔多年之后，我初中毕业读了师范又回到母校工作，这时，罗老师一家已被调到宣威小学去了。可是，每次我到宣威赶场遇到她时，她还是那样的热情叫我，并要我到她家玩。真是那么和蔼可亲呀！无意间我又好像回到了阔别多年的学生时代，感到罗老师好像胜过了养育自己的慈母。

　　这就是我印象中的罗老师。啊！往事如烟，如今回首虽已三十多年过去了，但至今仍历历在目，令人难忘。这么多年来，罗老师从小学到中学，再到退休，一直深受师生、家长的爱戴和好评。这么多年来，我也步老师的后尘从事教育教学工作，从小学到中学，只是没有老师那样的细心、认真的工作责任感，没有老师那样耐心、和蔼的良好个性，想来很是惭愧。

　　然而，更让我感到惭愧的是没有学会对老师的感恩。罗老师退休在宣威中学，我从未特意抽出余暇登门拜访过。罗老师搬到麻江教师新村来居住，与我在麻江二小的住宅近在咫尺，可我也仅仅在她离世前的两个月，才和我爱人，以及初中的同学金庆和老师一起到过她家一次，因为她和她的丈夫都是我们的恩师。那天，两位老人听说我们要来都非常高兴，但也破费不少，劳累许多，特准备了一桌丰盛的好饭菜来款待我们，好像在迎接他们阔别多年的亲生子女一样。让我们感到既高兴又内疚，与其说是看望老师，不如说是给老师添加麻烦。可万万没想到这一次竟成了我们师生最后一次的相聚啊！

　　罗老师走了，走得如此突然，走得如此匆忙！开吊的那天，帮助料理丧事的一位朋友知道我是她的学生，想必比别人更了解她光辉的一生，于是托我写副挽联。我毫不推辞，带着伤感与追忆，挥毫撰就上联曰："数载杏坛，温良忠厚，教学颇有方，辛勤耕耘胜慈母"；下联云："一代楷模，桃李满天，退休亦勤俭，猝然长逝哭良师"。以此寄托我的哀思。出殡的早上，宣威中学校长在对罗老师的生平作简介时说，罗老师在四十多年的教学生涯中，获得县级以上表彰十七次之多。这更充分说明了罗老师不愧是我县教育战线上的楷模、良师。

　　罗老师走了，走得让人伤心落泪，走得让人留念不已，我们失去了一位教育老前辈，失去了一位做人之良师。伤哉、哀哉！"亲戚还余悲，他人亦以歌，死去何所道？托体同山窝。"安息吧！敬爱的罗老师！学子不才，唯将此文，并赋诗一首以告慰您的在天之灵：

　　　　大年欲到却悲伤，恩师不幸返仙乡。
　　　　犹忆校园常教诲，未忘笔架度寒窗。

关心学子胜慈母，乐培桃李有良方。

谁料今师猝然逝，肝肠痛断泪满眶。

2010年2月12日于二小本宅

注：此文于2016年4月在首届"麻江文艺奖"评选活动中荣获文学类二等奖。

一堂别开生面的法制教育课

随着"五五"普法的深入开展，法制教育也就随之走进了校园，进入了课堂。然而，由于学生年龄特点，对于法治概念比较抽象，法治观念比较淡薄，故而法治意识不易增强，但这也并不等于说法制教育不宜在学校开展，只是说怎样开展才能收到良好的效果而已。根据本人的实践经验，现谈谈自己的一点亲身体会吧。

众所周知，每到初春时节，政府就会三令五申严防森林火灾，随之就会紧锣密鼓，上上下下组成了森林防火工作小组，并在全县范围内设置许多防控点，于是乎，每天宣传车延村窜寨来宣传，村组会议话防火。虽然如此，但也时有火灾发生，这是为什么呢？人们不难发现，失火者往往是未成年人和老年人居多，是因为这部分人的法治意识还未得到增强，法治观念淡薄，他们不懂得森林防火的重要意义，更不知道《森林保护法》《森林法》《森林防火条例》等有关法律法规的内容，因此，有必要对这部分人加强法制宣传和法制教育。而老年人大多体弱病残，不便集中搞宣传教育，只有未成年人大多为中小学生，才便于搞教育宣传。对于学生的森林防火安全教育，各校好像都千篇一律采取了相应的措施，通过集中听讲座、办黑板报、开班会课、写作文等多种形式进行，但效果并不见得很好。

为了使学生真正从根本上认识森林防火的重大意义，我以学生的兴趣为突破点，将知识性与趣味性有机地结合起来，让学生在娱乐中获取知识，在求知中享受快乐。于是，便将主题班会拉到野外去开展，于2010年4月9日开展了主题为"热爱大自然，保护大自然"的野外主题班会活动。

我所带的班为八年级人数较多的一个班，全班有五十多人。当同学们听说要到野外开展活动时，个个都高兴得手舞足蹈。于是，无论你布置什么任务，他们都能积极地认真完成，自然我就顺理成章地把时下如何搞好森林防火的宣传重任交给了班干部，让他们组织同学围绕主题，以森林防火为主要内容，并用课余时间来搜集资料，编排节目。时间由他们自己决定，在做好充分准备之后再向本班主任申请开展活动。

经过两个多星期的准备工作，4月9日这一天，可说是万事俱备，只欠东风了。关于活动地点，我给同学们选择在距离校园约五公里的一个山美、水美名叫水冲的山坳里。按原定计划上完上午两节课后吃饭就走，可天公好像不作美，清晨，阴云笼罩着天空，有下雨的征兆。但同学们仍然抱着很自信的心理，他们料定老天是会开眼的。果然不出所料，上完两节课，太阳终于露出了笑脸，不一会儿，天上白云朵朵，晴空万里，同学们欢呼雀跃，立即整队出行。

看着同学们迈着整齐的步伐，扛着鲜艳的校旗和夺目的布标，唱着激动人心的嘹亮歌声，浩浩荡荡地向着水冲方向进发，我感到既高兴，又担心。一方面瞻前顾后，谨防安全事故发生；另一方面手拿相机，在寻找最佳镜头。啊！同学们如脱笼之鸟，个个生龙活虎，喜笑颜开，平日那因各科学习任务的压抑使得脸上常呈现出的阴云全散开了，代之而来的是心旷神怡，和颜悦色的彩云笑靥。

　　经过大约一个小时的行程，终于到达了目的地。这里是一个大草坪，绿草如茵，清溪细流；佳木繁荫，尖峰四围。同学们任意跳啊，唱啊，翻滚啊，静静地躺下啊，尽情地拥抱着大自然，宛如走进了自由生活的殿堂！

　　大家在自由享受着大自然的美丽之后，不一会儿便拉开了主题班会活动的序幕。首先，由大家推选的两位主持人用抑扬顿挫的音调赞美了大自然的风光景色，然后很自然地导入主题，随之第一个节目相声《保护森林人人有责》登台亮相。我竟没想到一位叫吴打梦，另一位叫蒙开贵的两位相声演员。可今天他们竟能自编自演，配合得很默契，说出了一则由于安全用火意识差而导致的火灾事故。那滑稽、幽默的语言还不时令同学们捧腹大笑。相声表演之后，接着有独唱、合唱、朗读、小品、诗朗诵、魔术、猜谜语等节目相继表演。这些节目无不围绕热爱自然，保护自然的内容来展开，评分小组也对每个上台表演的同学及节目给予了实事求是的评赞和打分。在众多的节目表演中，小品《森林防火》想象丰富，构思巧妙，能将两个普通公民上坟烧纸所引起的森林火灾表演得活灵活现，演绎出一场惊心动魄的森林救火场面，让同学们有身临其境、跃跃欲试之感。最后两名失火者受到了法律的制裁，服刑前声声忏悔，以警醒人们要引以为戒。

　　看着同学们自编自演的一个个精彩节目，饱览着这片真山真水，耳闻山谷中不时回荡着那悠扬的歌声和欢愉的笑声，真让人赏心悦目，陶醉不已啊！因此，在结束之后，同学们让我作点评时，我情不自禁地将此情、此景、此地、此感，用《太阳岛上》的曲调将歌词删改后唱道：

　　"明媚的春日里天空多么晴朗，美丽的大自然多么令人向往。带着美好的心愿，扛着鲜红的校旗，我们来到了水冲山

上。

　　离开了校园紧张的课堂，兴高采烈来到了野外，同学们开展了多彩的活动，开阔了视野。

　　幸福的生活靠辛勤劳动，美好的明天靠汗水来浇。同学们献出你智慧和力量，明天会更美好！"

　　活动虽然结束了，但意犹未尽。回来之后，我又让同学们结合当前森林防火的情况写成了一篇作文。在这篇作文里我看到了每个同学的内心体会，有的说："通过一次野外活动，我才真正感受到了大自然的美丽，真正意识到森林防火的重大意义。没有森林就意味着没有我们人类的家园，我们要与森林共存亡！"有的说："森林就是我们的生命，森林防火重于泰山，我们中学生应以一个小公民应尽的义务来要求自己，积极做好森林防火宣传，尤其是做好我们不识字的爷爷、奶奶的宣传工作，让他们懂得森林防火意义重大，增强森林防火意识。"有的说："森林是国家的财富，也是我们人类的朋友。试想如果没有森林，地球上会是一个什么样的世界？风沙、荒漠、干旱、水土流失等各种自然灾害会相继发生，人类会出现极度恐慌、冷漠无情、互相残杀等悲剧。"还有的说："如果没有森林，就没有大自然的生机，这样我们人类的生活就会变得索然无味。"真是各有所感，各有所获呀。

　　啊！这与其说是一次野外主题班会，不如说是一堂别开生面的法制教育课。当代著名作家贾平凹先生说："生活是作文的全部。"而我说："生活是法制教育的课堂。"因为一切离开了实际生活的教育，那学生也只会是凭空想象，纸上谈兵，很难有真情实感，很难付诸行动。当然，也不可能将一切教育放到实际生活中让学生亲身体验，这样既没条件进行，也脱离了教学实际。只能说要因地制宜，适当有度地开展。我想，只要能开展这样一次生动有趣的活动，它会胜过你讲一百节课。

让我们以实际行动，认真抓好法制教育，让学生在愉悦的活动中潜移默化地受到法制教育，切忌那种只顾拍几个镜头，然后笔下生花，夸夸其谈，往上汇报的虚假做法吧！

注：此文在2010年7月5日荣获全州中小学法制教育征文竞赛二等奖。

过多施舍乃罪过

施舍亦可谓之奉献，此乃助人之美德，素来可谓之好事也。施舍者理应得到被施舍者之感恩，要不怎会有"送人玫瑰，手有余香"之至理名言哉？然施舍颇多，却适得其反矣！亦可谓"过多施舍乃罪过"。

吾侪可从下面搜集之材料得到启迪：

材料一：余富县科技局为了支援卡拉苗族村摆脱贫困，于2007年冬下为该村送去价值为5万元，约15 000株橘子苗。到了该村乃告知村主任让各农户免费领去栽种，可来领橘子苗的农户，竟然没有道出一句感谢之语，更令人伤心的是一些农户领而未能及时栽种，让苗枯矣！当柴烧矣！

材料二：2008年我国南方数省遭受特大冰灾，贵州省乃其中之一。眼看大年三十将至，为让百姓过上一个安乐祥和之年，该省某县电信局干部职工冒着冰雪严寒，徒步到40多里之外的无恩乡，帮助百姓抢修闭路电视接收站。在抢修中干部们乃忙上又忙下，不顾个人安危，架着楼梯爬至屋顶接天线，可围观者却无动于衷，无一主动相帮。这时，乡里一位干部难忍乃曰："汝等应助固梯也，何忍视之焉？"然有村民竟答曰："休乃吾侪唤之也，乃自来焉。"

材料三：2005年之春，一位中年教师服从上级之调遣，来到远离县城60余里之布依族乡，负责筹建一所中学。建成后，乃从初一教到初三，且为班主任，年年如是，今欲九秋矣。屈指九秋，弹指一挥间。回顾历程之辛，亦曾被评为县级优秀教师、优秀班主任。此师乃从未计较个人得失，而乐于奉献之人，可他却发觉自己付出越多，反而感恩之生越少。本欲以感化众生，让其树立远大理想，倍加刻苦努力，将来报效家国矣。然未想到，有则未领之情，反误歧途焉！诸如谈情说爱、玩牌赌博、说谎话、玩手机等等，无所不有，学习成绩有从全年级前十名下滑到几十名者；有从当初积极进取者变为甘当落后者。于是乎，他欲以无记名方式让生指出己病，以便除病正行。可令他更伤心、失望的是：孺子真无知，无心道实话。拿他来开心，嘲讽加谩骂。他在纳闷中，仰天长叹，反复诵读子曰："饱食终日，无所用心，难矣哉！"子曰："群居终日，言不及义，好行小惠，难矣哉！"又反复吟诵闻一多《死水》之名句"这是一滩死水／春风吹不起半点涟漪"忧哉！苦哉！于是乎，他便猛然醒悟，新学期伊始，乃逐渐收回自己那些善良之举，不再做愚蠢之奉献者焉。

综观上述材料可推知，过多施舍与奉献，便成了有罪之人焉！故令人反思焉！唯有向学会感恩之人施舍、奉献，那施舍、奉献乃有意义哉！乃有社会价值矣！此外，亦唯有在被施舍者急需别人帮助时给予施舍，这样乃使施舍之发挥作用。故此，吾侪应向那些常怀慈悲之心之善良者忠言相告：请不要向那些不会感恩者和不需帮助者给予施舍，因过多施舍乃罪过也！

2014年3月3日作于坝中

进入国培眼界宽

　　我参加过"国培计划（2012）"——贵州省骨干教师培训。在短短的不到三个月的培训学习中，让我感受最深的就是拓宽了自己的知识视野，与同仁们交流了许多新的教学理念，在教育教学中为自己补充了不少"电量"。至今回首，仍感到受益颇多，难以忘怀。

　　我是一位有着34年教龄的语文教师，中小学的教学路程都走过，而且还担任过五所小学的负责人，后进入中学至今已有10年了。

　　然而，在未进入国培学习之时，我总感觉自己教学理念较守旧，知识较贫乏，枉自度过了几十年的教学生涯，愧不如初出茅庐的后起之秀。

　　在进入国培学习中，我首先感到自己对现代多媒体教学很生疏，对电脑操作很吃力，其次是动作缓慢，发帖跟不上，作业上交不及时。但通过刻苦努力学习，终于还是从愚钝缓慢到轻车熟路，使自己学习信心大增。这期间让我感触最深的一是能看到许多专家的经典讲解，并能与同仁互相探讨，这无论在知识上或教学理念上都得到了较大的提高和更新。如：在如何指导学生搞好阅读，以及如何提高学生阅读能力和写作能力方面，看到了专家的讲解和同仁们的帖子，使我心中豁然开朗起来，并想到了许多良好的方法。还有在教学设计上让我看到了许多新的教学思路和教学理念，使我受益匪浅。二是国培让我接触到了许多教坛新秀，我感到很荣幸。看到他们是那样的爱岗敬业；对工作是那样的兢兢业业和默默无闻；对事业是那样的执着与追求；真令人欣慰和敬佩。三是我觉得国培学习虽然是网络学习，对于同事、老师不见其人，不闻其声，但通过发帖交流，却能如闻其声，如见其人，收获颇多，真有"同君一夜语，胜读十年书"的同感。

啊！国培让我视野开阔，收获很多；国培使我跟上了时代的教育步伐——运用多媒体教学；国培不仅是青年教师成长的摇篮，还是中老年教师"充电"的好场所。我喜欢国培，更期待有更多的机会进入国培"充电"，为培养祖国的花朵发挥余热，作出应有的贡献！

读书与立志

宋代大文学家苏东坡曾说过："古今成大事者，不惟有超世之才，亦有坚忍不拔之志。"那这坚忍不拔之志从何而来？是自然天生的吗？是父母或老师教给的吗？对于前者，一般来说是不存在的，对于后者也可以说有一定的关系。但我认为更重要的还是与自己读书有关。

我自幼可以说是一个十分愚钝的人。为什么这样说呢？因为我从五岁就开始发蒙读书，先是在本寨上读私塾，然后到离家将近十里路的村级小学上过两年一年级，都还不会写自己的名字，这实在太愚蠢不过了。直到1973年我跟随大同学来到离家30多里的当时的笔架公社中心学校——笔架七年制学校读三年级时，懵懂心才开始慢慢开化，会认识书写一些比较简单的常用汉字，于是也慢慢地开始喜欢看书了。可那时看的是连环画，俗称"小人书"。后来越看越有瘾，到上了初一年级就发展到看小说和名人名家成长的故事书。

记得在初一下学期时，我看了《周恩来的青少年时代》和《鲁迅少年时期》两本书，深受感动。因为少年时期的周恩来发誓要"为中华之崛起而读书"。他在东渡日本时还写下了一首壮行诗叫"大江歌罢掉头东，邃密群科济世穷。面壁十年图破壁，难酬蹈海亦英雄"。鲁迅曾在日本留学，原本是学医的，可他在日本一次看电影时看到了一群无知的中国人去围观外国人屠杀自己的同胞还哈哈大笑，于是就决定弃医从文。他想，只有用文学才能医治中国人愚昧的思想，才能唤起众多的中国人起来反抗，赶走列强，推翻反动统治，只有这样，中国人民才能得到翻身解放，才能使国家得到独立，走向富强。这两位伟人名家从小树立为振兴中华而读书的远大理想，所以才能有伟大的成就，为祖国作出了巨大的贡献。

自从看了那两本书后，周恩来、鲁迅在我心中留下了不可磨灭的印象，让我感到十分的崇敬，树立了一个远大的理想，那就是将来要做一个像鲁迅、周恩来那样的伟人名家，为国家作出巨大的贡献！

从那时起，我就开始发奋努力读书。可那时党和国家正处于艰难探索时期，国家经济实力不强，况且我也属于当时一个贫下中农的穷孩子，家里一年四季都处于青黄不接的状态，全家八口人连肚皮都填不饱，父母亲哪有钱给我买书看呢？那么要想买书看，唯一的办法只好靠自己了。于是，我常常利用星期天到野外打山货卖，一分一厘地积攒。可是打山货的人也多，我只好跑到十多里有丛毛山（即马尾松）的地方去砍油柴（即是被砍下的松树桩流淌松油，时间长了会使树桩变成带有松油的木质，烧煤火时需要它来引火）。可是砍油柴是十分辛苦的，要先把大块的油柴砍到家，然后用刀子划成手指头大小的材料，最后又用稻草将五六根捆成一小把，才抬到六十多里远的都匀城头去卖。常常跟着大人们从四五点钟就起床，吃几个事先烧熟了的红苕或洋芋（土豆）充饥就赶路了。到了城里已是十点过了，若生意好，抬一挑四五十斤的油柴卖下来得到12元钱左右，但也要到下午两三点钟才卖完了。倘若生意不好那就到下午五六点钟才卖完，所卖得的钱只不过五六元。这时，匆匆忙忙买了一两毛钱的粉或馒头吃完就赶路回家了。

回到家已是七八点钟，有时是九十点钟。真是早晚两头黑，又困又饿眼睛花。

就这样，我把自己卖苦力挣来的钱完全用于买书看。所买的书有连环画、小说、诗歌、散文、历史、地理等类型的书籍。读到初三时我的课外书籍超过了100斤的重量。这么多的书要是靠白天课余时间读那是无法看完的，因为那时是跑读，早上要跟父母做事（打一挑柴或割一挑草），吃了早饭才去上学，下午四五点钟放学回到家就黑了。等到吃了晚饭，做完家务劳动（洗碗、扫地）就到了八九点钟，这样所剩时间不多了。再说，那时学校是走与工农相结合的道路，一个星期只有三天上课，有三天是搞劳动（学校有农场）。所以在校根本没有时间看书。那怎么办呢？我只好挤出晚上和寒暑假的一点休息时间来看书。即晚上三四点钟就起来看，一直看到天亮。到了寒暑假时，白天帮家长干完农活后就利用休息时间看。就这样，我在初中阶段就看完了中国古代四大名著，以及世界通史、唐诗三百首，此外还有鲁迅、巴金、矛盾、朱自清、高尔基、托尔斯泰、但丁等中外名家的作品。

看书，不仅给了我无穷的力量和智慧，而且还让我更加坚定了自己的理想信念。因为走进书海，能与名人名家隔世交友，受到启迪。诸如自学成才的高尔基、华罗庚，身残志坚的贝多芬、海伦·凯勒、张海迪等，他们的成功无不与读书有关，通过读书就能让自己视野开阔，胸怀远大。尽管面临挫折和困境，或是遭受种种不幸，也促使你有无穷的力量和坚强的毅力去为自己抱定的理想而努力奋斗。

当然，人生通过努力不一定成功，但至少也能一步一步不断超越自我，实现自我。就如我自己，虽然至今没有成为什么伟人名家，但是，至少在我的同龄同伴当中还是小有成就。如果在我的少年时代与书无缘，那我也不会立下远大志向，不会发奋读书，不会刻苦努力学习，今天也许只是一个相当于小学文凭的普通农民罢了。

李苦禅说"鸟欲高飞先振翅，人求上进先读书"，郭沫若说"韬略终须建新国，奋发还得读良书"。这些名人名家的名言无不都阐明了读书与立志的辩证关系，宋代大学问家朱熹还说"百学须先立志"，因此，人生只有通过读书立志，才能找到人生的坐标，才能超越自我，不断走向成功的彼岸！

2015年12月4日于坝中

让原生态文化——山歌，走进校园

——坝芒中学办学特色

山歌——这原生态的民族文化与歌谣，已被现代歌曲取而代之；山歌——这濒临失传的原生态民族文化，在今天，只要你细心品味，依然有它的韵味和幽香。为了使民族民间文化得到传承，为了丰富学校师生文化生活，近年来，坝芒中学将民间山歌请进校园，打造出了麻江县唯一一所民族乡级中学的办学特色。

一、充分挖掘原生态文化——山歌

为了充分挖掘和抢救地方原生态文化——山歌，该校从2009年1月开始发动全校师生，利用寒假时间到民间采集山歌。并对搜集有健康向上，进步意义的山歌进行质量评定，给予奖励。此外，还根据山歌的类别分为：酒歌、花歌（情歌）、迎亲歌、抬爱歌、姊妹歌、地名歌等，进行整理归类，然后由时任该校教务主任付言文老师主编，于2010年编印出名为《坝芒山歌传唱》读本，作为该校校本教材。

二、山歌传唱的历史意义

众所周知，文学的起源来自民间口头歌谣。而民间山歌就是地地道道的民间口头歌谣，即民间口头文学。它主要是人们的情感交流，并反映劳动人民对田间劳作的勤劳赞美；对改造和战胜自然的理想；对美好生活的追求和向往。同时，也对假恶丑进行鞭挞和厌恶。因此，山歌传唱对当今人们的情感交流，构建和谐社会，促进精神文明建设等具有重要的历史意义。

三、开展山歌传唱的内容及方式

为了让山歌传唱经久不衰，催人奋进，学校在开展一年一度的山歌传唱比赛活动中，首先重视传唱的内容。即：内容要积极、健康、向上，对师生有激励鞭策的作用。如孝敬感恩方面的"正月吃酒姊妹们，唱首良言送你听。世间只有天地大，为人要报父母恩。为人生来要报母，水有源头树有根。父母在生千年好，大树脚下好遮阴"；有关劝人走正道和劝人勤奋的"二月吃酒姊妹们，唱首良言送你听。世上只有书为贵，只有土地变黄金。为人不学浪子汉，后来才有好收成""为人在世要操心，没要想倒靠六亲。女的起早发财早，男的起早不求人。穷在街头无人问，富在深山有远亲"；有关歌颂母亲的"母亲苦来母亲苦，一年四季都劳碌。又顾老来又顾小，没有一天得幸福"；"叶子开花叶子青，柴木开花吊线成。妈您是棵凉伞树，一年四季得遮阴"等等。其次是开展各种不同的传唱活动。即：一是请民间歌手、行家到学校任教，教唱传统山歌；二是定期每年五月上旬，结合纪念"五四青年节"开展一次大型的"坝芒中学十佳歌手暨坝芒山歌传唱比赛活动"，至今已开展了六届；四是鼓励师生创作山歌，并在学校或班级举行文艺晚会中进行自我展示。

四、山歌传唱与创作对学校教育的价值效应

1.山歌传唱与创作有利于培养学生语文素养，提高学生写作能力

山歌的传唱比较简便，根本不需要音乐教师来谱曲，但必须带有情感才能唱出悦耳动听的歌曲。正如该校罗家成老师所自编自唱的"山歌好唱要激情，没有激情最难听。诗歌有味在字眼，山歌有味在抒情。不需节拍不需谱，只要动情起歌声。随时创作随时唱，文盲书生皆可吟。只要有心能学会，抒情达意最入神。走亲访友最实用，方便交流建感情"。此外，山歌创作与古典诗歌创作类似，都同样讲究平仄、押韵。但山歌的内容要比古典诗歌更通俗易懂，并大多采用"赋、比、兴"的手法和比喻、借代、拟人、夸张等修辞格。这些都是语文科目所需要掌握的基本知识。因此，能够唱出或欣赏一首好歌，这需要有一定的语文素养，同样，要写出一首好的歌词，也需要有一定的语文基本知识。近年来，该校教师不仅引导学生学唱山歌，而且还指导学生创作山歌，达到自编自唱的程度。如在第二届"坝芒山歌传唱比赛"活动中，该校2011届九（1）班所创作的《毕业歌》：

记得初一进校园，陌生相处又寡言。

军训严格好辛苦，半夜三更难入眠。

校规校纪不习惯，等到习惯初一完。

光阴一晃到初二，学习重任放眼前。

同学相处似知己，寒窗苦读度华年。

转眼初三将毕业，学习紧张不堪言。

放松野外春光好，春游快乐喜空前。

仙人桥上留倩影，千亩草场似乐园。

校园时光好玩耍，可惜不能再少年。

三年同窗情似海，如烟往事浮眼前。

如今将要别母校，唱首山歌表心田。

又如：2011级八（1）班在本校第四届"校园十佳歌手暨坝芒山歌传唱比赛活动"中，自编自唱的《畅想中学生活》：

小学毕业到坝中，学习生活不轻松。

科目繁多要起早，起早才能学得通。

各科作业都要做，不做老师追得凶。

开始感觉不习惯，等到习惯才用功。

哪知此时到初二，倍感光阴太匆匆。

亡羊补牢犹未晚，老师讲课记心胸。

早起晚睡来补学，作业没成在梦中。

同学哥啊同学妹，以前懒惰行不通。

要想幸福必先苦，要想成才把书攻。

感谢老师的教诲，不忘师恩记心中。

没有哪个喊辍学，读到初三读高中。

即使大学考不起，读完高中再打工。

由此可知，该校近年来在期末统考和中考中，之所以其他科目成绩时起时落，唯有语文成绩做到稳步保持和上升，学生的语文素养不断得到多方面的培养，写作能力不断得到提高，学校自始至终坚持开展的"山歌传唱与创作"活动给了强大助力。

2.山歌传唱有利于交流情感，构建和谐校园与和谐社会

由于山歌多是口头创作，一般不需要纸和笔。因此，人们在走亲访友，吃酒吃席中，能以歌传情、交情，以歌交心、交友。同样，师生们在校园工作与学习生活中，或逢节欢度，或开展文娱晚会等，都需要唱歌跳舞，那么此时若能即兴创作一首山歌来登台表演，这不仅能表达自己的感受，还能展示出自己的才能和智慧，岂不快哉？这样，师生的情感常得到交流与释放，其乐融融，同时，这种趣味也会自然而然辐射到社会上，让民间百姓将封尘已久的心扉打开，形成以歌娱乐代替麻将之乐。这就是近年来坝芒中学构建和谐校园的成效之处，也是坝芒乡构建和谐社会的成效之一。

3.山歌传唱与创作有利于发展和传承民族民间文化

作为原生态文化——山歌，是当地民族民间的文化传统。然而，随着时代的发展与变化，现已濒临消亡。再不抢救，也许后一代很难找到自己民族原有的习俗与文化了。要知道，人类社会只有学会溯源探本，才能延续历史，认识自己，发展自己。因此，坝芒中学让山歌进校园，开展山歌传唱与创作活动，这不仅有利于陶冶师生情操，丰富师生文化生活，而且更重要的是有利于发展与传承民族民间文化，实乃该校办学特色。

现在，坝芒中学仍继续以"山歌传唱与创作"为契机，结合自身实际，不断挖掘民族民间文化，阔步走在发展与传承民族民间文化的大道上。相信该校这一办学特色将会越办越有特色，越办越有成效，正如该校校歌歌词所云："继往开来创辉煌！"

2015年12月28日

告别的滋味

何辛劳是风口县白忙乡一位年近花甲的中学教师，其教龄已快40年了。他的教学生涯可分为两个阶段——小学和中学。小学阶段主要是从政（担任校领导工作），25年的小学工作中只有9年未在任，故亦可称之为"领导阶段"；中学阶段主要是担任班主任工作，14年的中学工作中只有1年未担任，故亦可称之为"班主任阶段"。

何老师还是地道的农民贫苦家庭出身，而且又是家乡出来工作最早的知识分子。别看他寡言少语、老实巴交的，可他素来总是怀揣着不便告人的梦想。刚参加工作时为了弥补他心仪已久的大学梦，于是将自己的户口年龄改小了两三岁，要不他马上可办领"退休证"了。可现在与他一起参加工作的同学大多都已告退养老，即使还在岗也是退居教学第二线了。唯有他仍然坚守在三尺讲台上，并且一直还担任着学生的"父母官"——班主任。

他工作几十年却从未写过申请调动，可他却走了五六所学校，都是任凭领导的调遣。无论走到哪里他都是随遇而安，对工作兢兢业业，任劳任怨，并且都取得了显著的成绩。

由于他对工作极端负责，大公无私，淡泊名利，一个偶然的机遇使他从小学一跃便到了中学。还记得那天风口县教育局的局长吴耀人找他谈话时说："白忙乡要修中学，你就到那里

去搞筹建工作吧。那里交通也不错，修好了你想回来我再调你来。""不过到时我还在位就可以，不在位那没办法。"吴局长又补了一句。"无所谓，哪里都是工作，我服从领导安排就是。"就这样，他打着背包来到了白忙乡。

白忙中学建成后果然兑现了当年吴局长跟他谈话时的后一句。于是，他就一直待在那里也从未写过一次调动申请。不过，他也没有后悔，因为当年他来时曾写过一首送别友人的诗中有这样两句："休问西行何日返（白忙乡在风口县西部），任凭两鬓待秋霜。"

何老师自学校落成那天起就担任了该校首届某班的班主任工作。他对班主任工作是十分尽职尽责的，对学生是十分关心的，可以说是视生如子。由于他傻傻地将自己的一生心血都花在学生身上，并且也取得了可喜的成绩，因此，送走了一届又迎来一届。每一届虽然他都乐意接受，但都是学校领导先安排的。因为他想主动请缨又怕别人说自己年纪大了还要老想占位挡道，不让机会给年轻人展示。所以随学校怎么安排他只是一味服从。

这几年何辛劳确实太辛劳了，他所带的每一届学子几乎家家走到。听说风口县有位老师走了二十几家（大约一个班）就在全州乃至全省上了新闻说是"最牛的班主任"。而他却走了一届又一届，那是上百家呀，说起来那个"最牛的班主任"还不如他走一个班，可他连半个"牛"字都挂不上，在全县却是鲜为人知的，仅有本校个别领导和老师知道而已。因为他从来不张扬，一般在寒暑假中一人去走访，不带其他老师去，并且也不善于留家访照片。

除了家访，他还常自掏腰包资助班上贫困生，为班级购买图书，给学生寝室、教室进行装饰，在班上安装电脑等。这样算下来每届学生他至少要花三千至五千元。

就这样他连续送走了四届学子，每一届中考成绩可以说在本校四五个班中都是名列前茅的。其中第四届还是这所学校成立以来最辉煌的一次。

当然，他的成功不仅仅在于他善于家访和默默奉献，还在于他敬业爱生，并且也不缺少"爱"的能力。他教语文，能培养学生阅读兴趣，引导学生大量阅读古今中外名人名著，指导学生勤于创作，从提高语文素养方面去提高语文成绩。不像其他老师一味采取题海战术，把学生训练成考试的工具。他所带的每一届学生都有发表文章在县级文艺刊物、州级报刊、全国《中学生报》和《作文评点报》。

何老师自从当上中学班主任以来，已送走的四届学子都是从初一跟到初三毕业的。大多老师只跟完初一或初二就换人，可他从来没有半途而废。不过到了第五届那年就出现意外了。

第五届学生特点与前面几届相比真是大相径庭。学生基础知识薄弱不讲，就单讲思想素质那可是该校有史以来最差的一届了。大多学生性格古怪，只适合表扬，不适合批评，并且缺乏刻苦奋斗精神和远大理想。只要老师在纪律作业等方面要求严格一些就怨声载道。此外，也毫无感恩之心和礼貌待人的基本为人之道。尽管他一如既往地像往届一样默默献出自己的一片爱心，重新为教室、寝室装修，带领学生外出参观学习、进行野外实践活动等，但不仅没有听到或看到学生感恩的言行，反而还偶尔听到一些同学说"你钱多你就拿来做嘛"等之类的忘恩负义话语。再说他送走的前几届至今逢年过节，尤其是教师节他都会收到许多学生向他发来祝颂语以及有关感恩的短信内容，可在这一届这样的学生还没超过五个，这让人想起来还是有些心寒和悲哀呀。往届有的在读高中、大学的学生发来短信劝他说："老师，我知道您一心为他们好，可他们根本不领情，您何必这样辛苦呢？算了吧，反正您已经尽力了，这也怪不到您。"

不过，他还是不甘失败，依旧奋然前行。到了初二阶段他决心以"梦想起航，感恩奋进"为主导，利用班会活动、文艺晚会等方式来把学生培养成有理想、有道德、有纪律、有文化、能知恩、会感恩的新一代。

功夫不负有心人，这批"毛铁"经过他整整两年的苦心打磨还是有一定成效的。放暑假前他把下个学年步入初三的班级活动和教学任务都作了细致缜密的安排和部署。在学校举行新学年聘任工作的时候，他也毫无顾忌、满怀信心地选择了继续承担这个班的班主任工作和相应的教学岗位。然而，事与愿违。校长石善柔叫他去谈话时他还以为是让他当班主任去选聘本班的科任教师，没想到是让他退下来，因为有年轻教师想要接手他的班级了。石校长虽然是在征求他的意见，但他心知肚明，意识到自己该退下来了，该让年轻人上来把关了。他知道石校长是个善于关心教职工的好校长，看到他年纪大了不忍心再让他承担毕业班的重担，所以才让年轻人来接手他的班级。再说，班里不是还有几个性格古怪的调皮鬼很反对他管得太严吗？这回就不如顺其自然吧。因此，他犹豫了一下便同意了领导的安排。

可事后他心里很不是滋味。因为他心里知道绝大多数学生是不会同意他离开他们的，再说自他担任班主任工作以来还从未半途而废过，唯独这一次。接下来的事就更让他感到不是滋味了，那就是当学生得到消息后便纷纷向他发来短信说不同意，要他继续担任班主任，教他们的语文。有的学生在QQ里深情地说："老师，讲实话真的有点舍不得。想想我们在一起两年了，和您在一起的美好时光真的无法忘记。一个学生在成长的过程中，最大的幸运就是遇到一位富有爱心、对学生负责的班主任。你是伟大的，谢谢您的默默付出。将来，无论我会成为挺拔的乔木，还是低矮的灌木。老师，我都将以生命的翠绿向您致敬。人就是这样，失去之后才知道后悔，可又有什么用呢。这个世界真实得太过残忍，很多事情不是拼命就能得到自己想要的结果。我曾经以为我什么都不怕，可现在的我才明白，原来自己怕的从来不是等待，而是看不见希望。您就是我的希望，我希望您别走！"（这是学生的原句，未加修改）。啊！他终于第一次看到这个班学生感恩的肺腑之言了。这让他一时感到有点心酸落泪了。

晚上，他静静地一夜没睡着，回想起一批批学子的告别之情：第一届学子毕业离校的时候他整整有一个星期不能平静下来；第二届学子在吃毕业酒时留下了惜别之泪；第三届学子离校时是挥泪惜别的；第四届学子是吃了毕业酒还不肯离去，硬是要求留宿在母校最后一晚，第二天才依依惜别呀。唯独到了这一届没带通头他感到很遗憾，他想啊想，真是"惟将终夜长开眼，报答平生未展眉"。

可是，这一次告别不光是告别心爱的学子，而是意味着已经永远告别了"班主任"这一职位。身上的担子虽然减轻了，但好像总是有一种"剪不断、理还乱，是离愁。别是一番滋味在心头"呀。

噫！"多情自古伤离别"。真没想到一个傻傻地死守讲台的微不足道的教师在他即将退下来时还对学生有如此那么的深情，这也许是"自作多情过了火，聊作刍荛笑料多"吧。

2019年孟夏初伏于余书斋

（三）诗歌（包括歌词）

I.近体诗

题宣小校门建筑纪念碑

　　麻江县宣威中心小学校门的修建曾得到本地在外工作人员的大力资助，于1997年10月竣工。为感谢此爱心之奉献，故时为校长之吾立碑纪念，题写此诗。

　　　　捐资建校德流芳，造福子孙岂能忘。
　　　　立面石碑垂百世，欣看校园出栋梁。

1997年10月

题毕金良教学楼落成纪念碑

　　毕金良教学楼乃麻江县杏山鄞县希望小学（即麻江县第二小学），由浙江宁波向阳实业有限公司董事长毕金良先生捐资修建而成，故时为该校负责人之吾立碑纪念，题写此诗。

　　　　有缘千里送真情，学子高楼喜落成。
　　　　名垂校史千秋颂，欣看栋梁出校门。

1998年11月

悼韦隆林老师

韦隆林老师因患食道癌不幸于2001年7月28日离世，享年75岁。他生前系笔架中心学校退休教师，在生一向严于律己，敢于说真话，善于办实事，处处以身作则，堪称师表，故被师生美其名曰"规整公"。

严于律己贯始终，教界美名"规整公"。
教育子孙须勤俭，耕耘桃李未邀功。
克己奉公休闲少，办事求真力戒空。
追求马列无不胜，堪称师表令人崇。

2001年7月30日

工作调动有感（二首）

1997年10月15日，吾被调到麻江筹建二小，2005年3月8日又被调到坝芒乡筹建坝芒中学。人生难测，感慨万千，故裁诗云尔。

其 一

筹建二小教学楼，蓦然回首八年头。
风风雨雨人常过，坎坎坷坷志难酬。
献媚邀宠没学会，攀龙附凤更无求。
功名利禄淡如水，莫笑平生学老牛。

其　二

人生难测似梦乡，吾离二小赴坝芒。
山清水秀沐风雨，路远天高度韶光。
随遇而安苦亦乐，夤缘耍弄逸犹脏。
休问西行何日返，愿凭两鬓待秋霜。

2005年3月10日

注：西行，因坝芒在麻江西部，故云。

瓮河村家访印象

山涧径通幽，淙淙溪水流。
翠峰向天外，绿树掩人楼。
篱笆多茂盛，瓜果满上头。
疑似陶潜处，桃园景一游。

2006年5月

注：此诗发表在《贵州诗词》刊物2006年第11期上，2016年1月在首届"麻江文艺奖"评选活动中荣获二等奖。

为坝中2005级八（1）班男生寝室同学勖勉

天刚破晓铃声鸣，急起晨练健身心。
莫言年少寒窗苦，有志须当日日勤。

2006年9月28日

应邀麻江二中作诗词讲座感赋

诗词鼎盛在宋唐，国粹堪称应弘扬。
怀古颂今添雅趣，抒情达意表心肠。
鞭腐击恶人称快，扬善锄奸国富强。
平仄韵脚须掌握，立意要高君莫忘。

2008年9月18日

参加麻江县首届教职工艺术节才艺展演有感

庆党华诞九十春，祖国腾飞日翻新。
尊师重教园丁乐，革故鼎新世人钦。
麻江教育今巨变，城乡学子日欢欣。
且喜教师才艺展，翰墨飘香颂党恩。

2011年7月

赠学子赵师丽升入高校志贺

六载寒窗志不移，迎来金榜题名时。
乡校三春苦亦乐，县中五更学如痴。
滴滴心血滴滴汗，日日光阴日日知。
今酬夙愿师欣慰，望汝鹏程展英姿。

2011年8月20日

赠学子吴兴柳升入高校志贺

自古天道应酬勤，寒窗苦读果如真。
金榜题名光耀祖，他年将是栋梁人。

2011年8月

赠学子罗华东升入高校志贺

自古雄才多磨难，从来纨绔少伟男。
寒窗方圆大学梦，愿尔鹏程排万难。

2011年8月29日

赠学子章双青升入高校志贺（二首）

其 一

人生道路千万条，行须慎重定航标。
常会迷途在歧路，谨防撒旦志动摇。

其 二

双青有志向云霄，曾经不慎摔了跤。
幸而醒悟能爬起，夙愿今酬志更高。

2012年8月

赠学子杨兵升入高校志贺

初中苦战到高中，学子有志竹在胸。
今日方能酬夙愿，他年希望建奇功。
愿尔志当存高远，在校读书宜精通。
为师有愧无贺礼，唯将翰墨表心中。

2012年8月13日

赠学子罗世燕升入高校志贺

易反易覆苦攻关，有心立志排万难。
如今欣喜酬夙愿，祝愿学子再登攀。

2012年8月26日

零八届学子来访有感

2013年2月15日，学子赵师丽（海南大学学生）、章双青（贵州财经大学学生）、罗华东（湖南工程学院学生）、罗世燕（江西九江学院学生）、杨珍（贵定一中肄业生）等均忆当年师生之情，到吾寒舍问候。吾胜感欣慰，裁诗以记之。

师生一别日如梭，屈指四年变化多。
师添皱纹方变老，生渐成熟正高歌。
外面打工寻财路，校园深造求工作。
一些早为人父母，各人有志各奔波。

猫头家访印象（三首）

2013年2月20日，吾与白海姣老师一起被安排到猫头村进行保学控辍家访动员工作。该村是坝芒乡较边远偏僻的一个村，也是居住最分散的村组。道路蜿蜒曲折，盘旋环绕山头村庄，有如"空中闻天鸡，人家在何许"之感，故以诗记之。

一

山坡高耸雾朦胧，村庄点缀在其中。
山脚山腰山头现，还有几家在山冲。

二

公路盘旋绕山腰，宛如玉带上云霄。
谨慎驾驶心犹跳，眼观六路令人焦。

三

两山相对有人烟，鸡犬相闻走半天。
不时偶见三两户，疑似隐逸在凡间。

应宣小之邀参加全县第五届小学生运动会有感并书赠

一别宣小十三年，人事皆非校园迁。
喜观高楼矗立起，欣看新苗茁壮添。
校离喧嚣境幽美，师乐耕耘花更鲜。
少儿荟萃风采展，祝愿明天辈出贤。

赠学子罗世菊升入高校志贺

金榜题名展雄姿，难得学子不忘师。
愿尔志存应高远，再度寒窗苦求知。

2014年8月31日

赠学子王艳升入高校志贺

记得初中汝志高，三年高中未动摇。
如今毕业再深造，鹏程大展上云霄。

2014年9月1日

第二十九个教师节感怀

节届如今廿九年，回首耕耘世变迁。
三尺讲台经六校，十八从教愈卅年。
筹建坝中苦虽有，辛培桃李乐亦添。
莘莘学子临三届，佳节晚会喜空前。

2013年9月10日

国学经典进校园

尘封美酒异飘香，耐人寻味值品尝。
千年老窖乃国粹，万代学子拾书囊。
圣人酿造后人享，九州传播五洲扬。
返璞归真逢盛世，留得古韵校园芳。

2014年10月

赠独山一中

南止抗日深河桥，红色圣地令人骄。
仰慕如今访贵校，取经旨在育新苗。

注：这是2016年10月20日，坝芒中学中层领导及各年级班主任赴独山县第一中学进行校际交流活动时，校领导嘱咐吾创作一幅书法作品作为礼品赠送该校留念，故作此诗为书写内容。

参观桐林中学有感（二首）

2018年5月18日，坝芒中学中层领导及各年级班主任赴三穗县桐林中学参观学习，吾信步环视该校园环境有感，故裁诗云尔。

一

山清水秀在桐林，桐林中学亦有名。
群峰环抱校园美，古木参天出才人。

二

背靠青山面向峰，校园风水正朝东。
择此宝地育后代，人才辈出万世功。

观坝中第一轮中考模拟考有感（三首）

为了公平起见，让学生诚信考试，坝芒中学于2020年4月11日特将第一轮中考模拟考试安排在校园足球场上进行。这是该校破天荒的一项举措，吾监考观之有感偶吟。

其 一

春光明媚喜欲狂，欣看赛场变考场。
莘莘学子静思考，更盼中考创辉煌。

其 二

绿草如茵是赛场，为见公平破天荒。
正大光明才志展，全凭实力上考场。

其 三

鸟语花香处处春，备考磨枪第一轮。
足球场上亮本事，真才实学令人尊。

2020年4月11日于坝中

己亥暑期杂感（24首选19首）

一

韶光如矢不多长，老牛自知赛夕阳。
苦中作乐鸿猷展，只为苍生种富强。

二

忽然减负觉身轻，疑是解甲归田人。
马齿徒增羞回首，雪泥鸿爪忆犹深。

三

朝云暮雨不寻常，人事难测费思量。
枉自运筹一张纸，超前空负笑白忙。

四

亦喜亦忧尔奈何，人在囧途感叹多。
思前想后由他去，流水前波让后波。

五

闲谈有意却无应，闲谈无意却为真。
有心栽花花不盛，无心插柳柳荫深。

六

QQ群上发新闻，又怕风来又怕云。
哪知一发愁云布，手机电量少惊人。

七

自驾"宝马"访优生，填表忘记笔在身。
此日失常真诧异，莫非老矣果然真。

八

夜晚充电听铃声，回复短信夜更深。
莘莘学子情未了，长夜难眠忆平生。

九

小小麻雀圈边鸣，安知老马日千程。
昆鸡在旁暗嗤笑，老鸹附和更精神。

十

斗转星移寒暑变，桑田沧海笑谈间。
今朝难测明朝事，风云变幻奈何天。

十一

玄德为君孔明臣，大业功成凭二人。
可叹世间难寻觅，算尽机关枉费神。

十二

李广难封事难成，皆因铺路为别人。
世俗功名一张纸，不问苍生问鬼神。

十三

欲提质量何妙计，一考一会来评批。
饲马难识真千里，仅凭分数论高低。

十四

分数常为一码筹,几人高兴几人愁。
几人有幸得封号,几人无奈泪花流。

十五

烈日炎炎正暑天,修志方知世变迁。
痴心自讨苦差事,只为留史责在先。

十六

时断时续志难酬,丝丝牵挂在心头。
事事推移难预料,休管他人自追求。

十七

历届同仁建群聊,回想当年兴致高。
封存照片多有味,犹忆建校感贤劳。

十八

事事推移似梦中,孔明在世亦难通。
哪知昨事今朝变,又是外甥打灯笼。

十九

忧忧乐乐一场空,计划不如变化中。
哪知和牌变数大,老朽又效冯唐公。

2019年7月—8月

2017届学子来访有感

2021年2月3日正值立春，2017届学子罗宏欢（贵州大学）、王露露（贵州大学）、罗圆销（上海理工大学）、祝明删（贵州中医学校）、赵显均（合肥学院）、蒙相豪（六盘水师范学院）来访，师生回忆当年初中生活，谈及当今大学生活，不禁感慨万千，故裁诗云尔以记之。

几次三番报耕耘，如今来时正立春。
初中年少寒窗苦，大学风华壮志存。
自古校园方筑梦，从来社稷皆用人。
莘莘学子情未了，但愿来日建奇勋。

2021年2月3日于吾书斋

Ⅱ.现代诗

这一天与那一天

——写在基东中心学校开展庆祝"六一"活动之时

　　1987年6月1日，在基东中心学校开展庆祝"六一国际儿童节"活动会开幕式上，本班学生文晓琴作为学生代表上台发言时，令吾联想到自己当年亦作为学生代表上台发言之情景，故有感偶作。

六月一日
一个令全天下儿童
无比快乐的
日子
这一天
我坐在主席台上
欣慰地望着
无数怒放的花儿

此时
一个天真幼稚的天使
让鲜艳的红领巾
飘荡在台上
那颤动的嗓音
令我不时嘱咐
要大声

要沉着

俄顷
她便渐渐地
沉稳起来
霎时
一阵阵雷鸣般的掌声
让她益发变得
自信
一张张笑靥
宛若
一朵朵鲜花
园丁呀
欣喜不已

啊
这一天哟
这一年
令我多么欣慰

然而
这一天
恍若时光倒流
十二年前的今天
我胸前的红领巾呀
亦飘荡在
主席台上

颤动的嗓音

依然听到

那殷殷嘱咐

要大声

要沉着

于是

便渐渐沉稳起来

那雷鸣般的掌声

令我亦变得

益发自信

我感觉台上

有欣慰的笑容

那一天哟

那一年

令我多么难忘

1987年6月1日于基东中心学校

永恒的纪念

——为坝中纪念"一·二九"七十周年诗朗诵而作

当侵略者铁蹄

踏入祖国大地

腐朽的国民党政权

竟然阿谀奉承
于是乎
一个丧权辱国的
"何梅协定"
葬送了
华北大门

霎时
"打倒日本帝国主义!"
"停止内战!"
"一致抗日!"
那声声怒吼
似擎天撼地
侵略者高兴过早
卖国贼罪恶难逃

啊
七十年前的今天
在北平
在新华门
莘莘学子三千余
冲倒"黑犬"几万千
一时间
大江南北
举国上下
抗日高潮波涛涌
如火如荼遍九州

啊

七十年后的今天

您——"一二·九"

神圣而伟大的日子

让华夏子孙永远记起

那爱国强音

将伴随着

"神舟六号"飞船

响彻太空

震撼月宫

这纪念

将是

永恒

永恒

……

2005年12月9日

可怜的塔柏

　　时值5月中旬，某校长为了迎接全县中小学生艺术节在本校举办，不知从何处花血本买来几棵高大的塔柏栽在操场四周。现校长调走了，树也快死完了，留下的是令人感叹的萧条景象。

　　　　曾几何时

　　　　几棵塔柏

突然立在
操场四周
面对师生
多么惬意地说
我们脱掉绿色的裙子
多潇洒
能与夏日的风跳舞
能为校园的艺术节
添彩
我们真是反季节蔬菜呀

一天
狂风来了
东倒西歪的几棵塔柏
呻吟着
呻吟着
快救救我吧
快救救我吧
一声声哀怜
真令人痛心

于是乎主人忙拨打120
白衣使者来了
立即给树们吊针抢救
于是乎
它们缠着绷带
终日吊着盐水瓶

主人以为得救了

然而

几天过后

它们憔悴得一个个

你望望我

我望望你

一个暑假之后

师生们返校乃发现

居然只剩一棵

在孤独的痛苦中呻吟着

它好像在哀叹

校园头头换了

同伴们皆成了

返阴间蔬菜了

我也该去寻找它们了

2016年8月29日夜

坝中晨韵

当晨曦

从峰巅洒向山谷

那轻柔的雾霭

萦绕着群山

翠绿的腰间

啊

亦真亦幻
宛若仙境

山脚下
两条玉带自南自西
缓缓向东流来
将校园呵护其中
两岸田畴
白雾弥漫
唯有学子高楼
轮廓凸现
啊
抬望眼
宛若瀛洲在世间

俄而
风烟俱净
金光斜射
万物均显尊容
看
笔架山、仙人桥
"晴空一鹤排云上
便有诗情到碧霄"

啊
山环水绕
水绕山环

学子高楼耸山脚

红旗冉冉迎风飘

听琅琅书声

闻翰墨飘香

啊

天上碧空如洗

地上校园美如画

梦想将从这里起航

愿坝中托起明天的太阳

2020年11月11日于坝中

Ⅲ.山歌（地方民歌）

纪念"一二·九"七十五周年
——2008届九（1）班演唱歌词

冬来欣逢一二九，想起前辈爱国情，
寒风凛冽何所惧，为国请愿去游行。
怒向倭寇讨公道，抨击卖国不留情。
还我河山声雷动，捍卫国土热血腾。
七十五年转眼过，祖国繁荣血染成。
我们幸福九零后，饮水思源不忘情。
今天纪念一二九，爱国精神永传名。
继承传统看行动，刻苦攻关要养成。
尽我所能路走正，完成学业好为人。
不去偷来不去抢，不贪不赌不害人。
为国勤劳多贡献，报答父母养育恩。
唱首山歌表心愿，当成礼物慰英灵。

2010年12月9日

发扬"五四"精神（二首）

——2011级八（1）班参赛歌词

其 一

岁月沧桑近百年，五四精神代代传。
如今我们来纪念，幸福生活忆前贤。
爱国精神千秋在，努力学习永向前。

其 二

五月读书同学们，唱首山歌送你听。
五月有个什么节，五四运动要记清。
打倒卖国反动派，爱国精神永传名。

爱国立志歌

——2014级七（4）班参赛歌词

沧桑祖国改旧颜，迎来五四近百年。
如今我们作后辈，幸福日子比蜜甜。
今天集会来纪念，唱首山歌表心田。
爱国旗帜高扬起，继承前辈永向前。
爱国不光喊口号，贵在行动志在先。
从小立下报国志，志存高远把书研。
鸟欲高飞先振翅，壮志凌云在蓝天。
少年向上真善美，勤学苦练在校园。

学好知识和本领，将来国强靠少年。

爱国立志作贡献，爱国精神万代传。

团结友爱歌

——坝中第五届山歌比赛七（3）班参赛歌词

有缘相聚七（3）班，团结友爱是一家。

自古团结力量大，团结友爱令人夸。

我们来到校园里，团结做事效果佳。

学习互助共探讨，班级进步一齐抓。

劳动分工要合作，搞好卫生靠大家。

纪律制度共遵守，谁不遵守要怪他。

各种活动要参与，团结拼搏往上攀。

只要大家团结紧，时时获奖在（3）班。

励志歌

——七（4）班参赛歌曲

我们来自七（4）班，立志长大建国家。

今天在校要努力，争分抢秒爬书山。

时时铭记师教诲，刻苦好学攻难关。

作业认真不偷懒，专心听讲精力佳。

加强锻炼常跑步，各种活动要参加。

文明礼貌要养成，热爱劳动让人夸。

遵章守纪要和睦，团结友爱像一家。
学习路上共探讨，莫畏艰难肯登攀。

勤学歌

——坝中八（3）班参赛歌词

我们来自八（3）班，勤学苦练在书山。
书山有路勤为径，五十二人勇登攀。
要想读书起得早，要想成才须攻关。
上课用心听师讲，下课温习莫贪玩。
各科作业认真做，好比农户种庄稼。
勤劳耕作庄稼好，勤学苦练成绩佳。
在校吃穿莫攀比，钱在手中莫乱花。
要比学习谁刻苦，要比成绩让人夸。
课余时间谈学习，莫走早恋路上玩。
黄金岁月莫虚度，寒窗苦读到初三。

2015年4月30日

珍惜校园好时光

——第三届山歌比赛七（1）班参赛歌词

国正腾飞民正昌，国强民富正飞黄。
我们都是九〇后，幸福年华似蜜糖。
没见硝烟和战火，没晓饿饭和饥荒。
没晓红军二万五，没晓前辈上战场。

翻开历史才知道，知道必须树理想。

如今党的政策好，两免一补上学堂。

硬件设施渐完善，花园布局草木芳。

食堂工人多辛苦，调得美味早晚忙。

老师领导多辛苦，培养我们建家乡。

努力学习是义务，少年强了国才强。

昏昏悠悠过日子，愧对父母愧对党。

愧对老师的教诲，枉来世上走一场。

劝君好好想一想，珍惜校园好时光。

2012年5月4日

山窝将会出凤凰

——麻江县第十一届中小学生艺术节
山歌比赛坝中参赛歌词

坝芒三槽好风光，好山好水在我乡。

千亩草场像绿毯，斗篷山翠发清江。

老蛇冲有珍稀物，仙人桥上名远扬。

过去山高路难走，坝芒是个落后乡。

如今交通像蛛网，科技兴农奔小康。

发展教育是关键，起得中学在路旁。

民族中学起好了，布依山寨桃李芳。

杨柳依依校园美，书声琅琅翰墨香。

如今承办艺术节，坝芒中学闹洋洋。

明礼向善才艺展，筑梦腾飞志气昂。

人才荟萃添异彩，各显神通艺芬芳。

莘莘学子得实惠，山窝将会出凤凰。

2016年5月

布依山乡大变样（山歌对唱）

——麻江县第十二届中小学生艺术节
坝芒中学山歌代表队参赛歌词

男：人说坝芒是穷窝，祖祖辈辈靠马驮。
　　雨天路滥真难走，赶场赶落费奔波。

女：过去坝芒本是穷，说得没错我认同。
　　可是穷则能思变，如今路畅通夏蓉。

男：道路虽通处处通，人说山高还是穷。
　　干部下乡难走到，子女读书难成龙。

女：高山高水布依乡，生态旅游好观光。
　　别人说穷我说富，莘莘学子满校堂。

男：讲到旅游我赞同，没钱打造还是穷。
　　仙人桥上有仙境，能有几人来看通。

女：政府出资百姓忙，不亦乐乎建家乡。
　　出门难道你没见，修河改道过山岗。

男：政府虽然出巨资，修修停停到哪时。
　　不知猴年和马月，山乡变富很难知。

女：不要消极不要慌，家乡变富慢商量。
　　千亩草场通大道，风力发电满山岗。

合：（老实真嘛，亲们）
　　坝芒是个民族乡，好山好水好风光。
　　感谢政府来支持，旅游开发待观光。
　　蔬菜种植反季节，科技创新奔小康。
　　蔬菜游园正在建，瓮城弯寨到坝芒。
　　过去虽然是落后，今朝建设赛苏杭。
　　布依山寨大变样，幸福生活万年长。

毕业歌

——2017年坝中山歌传唱比赛
2014级九（4）班参赛歌词

小学毕业到坝中，相聚九（4）把书攻。
早起晚睡勤学苦，晨跑健身不放松。
春游晚会添雅趣，野炊有味乐融融。
冬运会上英姿展，红歌传唱表心胸。
陶冶情操学书画，艺术节上乐无穷。
十佳歌手显才艺，山歌传唱趣味浓。
初中时光多美好，可惜它像水流东。
不知不觉将毕业，如今感慨太匆匆。

三年寒窗情深海，师恩难忘在心中。
想到将与母校别，纪念五四意不同。
唱首山歌表心意，祝愿母校更兴隆。

2017年5月

党恩浩荡史无前

草木全靠阳光照，全靠雨露润其间。
阳光雨露恩泽惠，欣看幼苗出壮天。
阳光雨露好比党，救助穷娃几万千。
几多孩子想辍学，皆因父母没钱盘。
孩子没钱买书看，没钱乘车到校园。
学校喊交生活费，家长困难说半天。
读完小学还勉强，上到初中苦难言。
无奈只走打工路，义务阶段难读完。
自从党施助学策，贫困家庭占优先。
两免一补到学校，读书免费吃新鲜。
在校还有助学奖，老板资助更喜欢。
不愁吃穿不愁用，莘莘学子满校园。
读完九年上高中，个个刻苦把书研。
考取大学得奖励，还发路费把表填。
助学计划圆美梦，山窝飞出凤凰欢。
党的政策实在好，党恩浩荡史无前。

2017年8月14日

法制教育山歌（五首）

其一　知法守法好处多

和谐社会要懂法，我来唱首法制歌。
一唱宪法如天大，它是母法不用说。
二唱刑法保安宁，若有违犯打不脱。
三唱民法说民生，民生保障乐呵呵。
四唱婚姻有法依，结婚不用找媒婆。
五唱六唱森林法，保护森林有着落。
七唱八唱行政法，国家干部莫蹉跎。
九唱十唱各种法，要数条文几大箩。
作为公民要遵守，知法守法好处多。

其二　交通规则要记牢

国强民富奔小康，交通便利遍城乡。
大车小车路上跑，没懂交规人心慌。
要是酒驾违规了，扣分罚款坐班房。
要是违规超速跑，扣分是小祸遭殃。
超车莫在转弯道，出了事故自己扛。
斑马线前要看好，若闯红灯是违章。
要想开车学交规，考试不要找人帮。
安全更比泰山重，交通规则心中装。

其三　扫黑除恶快人心

中央政策真英明，贪官枉法要肃清。

地痞流氓千般罪，不扫民不得安宁。
欺行霸市民公愤，扫黑除恶快人心。
村霸横行在乡里，鱼肉百姓定扫清。
重点打击保护伞，贪赃枉法无处行。
重拳出击震天下，朗朗乾坤放光明。

其四　发财讲良心

不法分子有后台，昧着良心去发财。
头发拿制酱油买，过期食品把价抬。
婴儿奶粉含毒素，先天结石母伤怀。
病猪肉味人人晓，盖了大印不拿埋。
粉店让人吃上瘾，哪知毒品碗中来。
不义之财油罐满，倾家荡产法制裁。
为人要讲心灵美，良心失去如狼豺。
食品安全是大事，违法害人头必栽。

其五　拒毒防毒

众所周知毒如虎，若不小心落虎口。
教你一招你学会，毒魔不敢跟你走。
第一不要交毒友，若交毒友阎王收。
第二若遇陌生人，拒接香烟切莫抽。
第三莫要去尝试，尝了一口变小偷。
第四不要去贪财，贪财贩毒阶下囚。
第五发现贩毒者，敢于举报莫担忧。
只要招招你学会，定叫毒魔难出头。

2019年11月11日

为2017级九（4）班"树雄心，立壮志，奋力拼搏战中考"主题晚会而演唱

亲爱的同学们：

今天的文娱晚会可以说是我有生以来既想到而又意想不到的事情。因为是我在上期末早已计划安排的，所以说是既想到的。但在假期中因学校工作安排有变动我不能跟同学们到初三了，那我就认为这计划白费了。然而，谁知一开学人事发生变动，情况又变过来了，我又来陪伴同学们了，所以说是意想不到的。因此，今天的晚会让我感慨万千，虽然没有什么节目，但可献上一首山歌聊表心意吧。

岁月匆匆疾似梭，蓦然回首感慨多。
初一进校人稀少，艰苦军训也欢乐。
下司古镇留倩影，状元故里听传说。
转眼一晃到初二，人长高来脾气多。
青春叛逆难管理，一班两制没奈何。
人数增到三十二，开展活动乐呵呵。
猴场会址参观了，转来欣喜立志多。
哪晓初二一结束，换了老师人失落。
有的忧来有的喜，忧忧乐乐到开学。
谁知开学人事变，老师调走变化啰。
没想我又来继任，我来你们受苦多。
同学们来同学们，初三本来要苦磨。
到了初三要学苦，没会学苦吃亏多。
中考好像攻敌堡，勇于吃苦成功多。

不信你看前几届，哪有成功不苦磨。
今天我们开晚会，各人立志在心窝。
希望大家齐努力，明年中考奏凯歌。

2019年8月28日

2019年夏令营开营坝中表演的节目山歌歌词

我们来自坝芒乡，坝芒是个好地方。
山清水秀好凉爽，布依之民坐三方。
原始生态本是好，向来偏僻是穷乡。
自从改革开放后，沿海支持到我乡。
山乡发展致富快，交通发达通四方。
感谢上海海龙瑞，如今资助到学堂。
许多同学得资助，发奋读书志增强。
今天夏令营活动，全心赞助美名扬。
全靠恩人来资助，今日开营到贵阳。
感谢没了又感谢，唱首山歌表心肠。
表心肠哟！布依学子喜洋洋。
喜洋洋啰！好人大恩永难忘。

2019年7月3日创作

坝中校园美如画

——为本校园第四届艺术节九年级组教师演唱而作

坝芒是个民族乡，好山好水好风光。
党的政策真是好，起得中学闹洋洋。
环境优美盖全县，风水排在第一行。
你看省道旁边过，山环水绕坐中央。
教学楼对仙人桥，笔架山峰在前方。
如今校园变化大，花园布局伴书郎。
足球场地像绿毯，红色跑道绕四方。
篮球场地如床单，莘莘学子健身强。
坝中校园美如画，感谢政府感谢党。
只要师生齐努力，年年将会出凤凰。

2020年11月

Ⅳ.童谣

梦想（二首）

其一　摘月亮

家乡门前山坡高，
山高高呀到云霄。
夜晚星星照，
月亮爬树梢。
小宝宝，
抬头望，
想摘摘不到，
天天做梦爬树掏。

爬呀爬，
爬到半山腰，
月亮又升高。
宝宝想，
等我长大了，
要把月亮摘下放书包。

其二　中国梦

雄鹰哥，志气高，它有梦想上云霄。
燕子妹，飞不累，志在蓝天随云飘。
乖宝宝，地上跑，小鸟看了在发笑。

鸟弟弟，你别笑，宝宝梦想更加高。

什么梦，中国梦，要上月宫折仙桃。

弘扬社会主义核心价值观童谣（二首）

其一　团结友爱

花儿红，鸟儿叫。

鸟语花香春风笑。

小朋友，上学校。

一路歌声一路跳。

你追我，我跌倒，

互相拉起不要跑。

做游戏，友爱好。

校园玩耍莫争吵。

爱劳动，爱动脑。

互相帮助该多好。

讲团结，讲友好。

团结友爱要记牢。

其二　诚信做人

爹妈生我来做人，

来做人，讲诚信。

诚信二字值千金。

来到学校要学习，
要学习，讲诚信。
诚信考试才算行。

同学相处要真诚，
要真诚，讲诚信。
诚信对待才真心。

老师父母是恩人，
是恩人，讲诚信。
诚信报答显真情。

交朋结友靠交心，
靠交心，讲诚信。
诚信结友天下行。

V.歌词

放飞梦想

——坝芒中学校歌歌词

在这美丽的坝芒河畔
在这迷人的仙人桥下
学子高楼拔地起
布依山寨桃李芳

啊
看，绿草如茵
听，书声琅琅
瞧，奇石似宝
闻，翰墨飘香

我们在这里放飞梦想
团结、求真
书山有路勤为径
寒来暑往度春光

我们在这里种上富强
博学、创新
同舟共济相携手
继往开来创辉煌

2010年5月

寒窗苦读放飞梦想

——坝芒中学2011级七（1）班班歌

我们是布依山乡的阳光

我们是布依山寨的凤凰

携起西边邻县的朋友

翻山坳哟过小河

跋山涉水从四面八方赶来

一个"缘"子将我们聚在一起

七（1）班是我们的新起点

相识原是陌生的面孔

探讨才有熟悉的声音

求知识，不耻下问勤是岸

练身体，晨跑晚练志坚强

春游晚会

抒情励志乐未央

啊！（1）班、（1）班

我们不一般

八（1）班是我们未来的起跑线

学会生活，学会做人

寒窗苦读，放飞梦想

团结友爱朝前走

勤学苦练度春光

春游晚会
抒情励志乐未央
啊！（1）班、（1）班
我们不一般

九（1）班将是我们人生的下一站
校园时光莫辜负
三年寒窗如矢飞
寒来暑往，风雨无阻
同甘共苦，展望未来
春游晚会
抒情励志乐未央
啊！（1）班、（1）班
我们决不一般

2011年9月

雄鹰之歌

——坝中2014级七（4）班班歌歌词

当日历翻到2014
我们有幸相聚在此
相聚七（4）要恒心
早起晚睡惜秒阴
求知识

苦亦勤

壮志凌云似雄鹰

七年级是人生新起点

学习国学经典

编织七彩之梦

莫辜负

黄金岁月寒窗度

八年级将步入起跑线

团结拼搏向上

携手共创未来

书山路

欲临绝顶贵有恒

九年级乃面临下一站

三年苦战告捷

一首骊歌分别

待此时

雄鹰展翅志四方

2017年9月

让梦想从这里起航

——2017级七（4）班班歌歌词

迎着2017年的秋阳
怀着山那边的梦想
我们相聚在此
啊，美丽的坝芒中学
啊，有缘的七（4）同窗

文明向善，礼貌待人
学会生活，学会做人
是我们初一的起始目标

勤奋守纪，志存高远
团结奋进，争创一流
是我们初二的努力方向

学会竞争，刻苦攻关
阳光心态，奋力赶超
是我们初三的要求愿望
啊，同学
莫辜负
黄金岁月
请乘理想之舟
让梦想从这里起航

让靓丽青春放飞梦想

——黔东南州高级中学生体育运动会主题歌词

蛟龙潜游于大海
雄鹰展翅于高空
而青春将拼搏于赛场

来吧，亲爱的同学
麻江中学欢迎你
来吧，亲爱的朋友
状元故里欢迎您

啊！
夏日骄阳
人才荟萃
四面学子齐努力
八方健将创辉煌

啊！
田园麻江
蓝莓之乡
青春潇洒走一回
热情放歌乐未央

来吧，同学

我们发扬奥林匹克精神
让友谊之花绽放赛场
来吧，朋友
我们瞻望祖国美好明天
让靓丽青春放飞梦想

2019年6月12日

　　注：此歌词由本校音乐教师王建谱曲，并在当年全县歌曲征集评比活动中荣获三等奖。

Ⅵ.对联

为庆祝基东1988年"木老年"活动撰联

基东乡为木老族居多（后认定为瑶族），每年农历十月头个卯日为木老年。每年的木老年活动都在基东中心学校举行，故为之撰联。

龙岁欢歌佳节至
兔日聚庆古风传

新婚自拟联

从笔架到基东，蓦然回首，叹，昔日寒窗空孤度，韶华飞逝志难酬。滥竽充数，奈何之兮，亦将微力献苍生。而今国庆有室，愧无人生事无成，愧无美酒宴宾客；

思往事惜流光，一时瞻望，感，今朝途远当奋起，自古努力事晚成。重任负肩，苦乐其矣，愿把余身舍孺子。值此菊月完娶，为党事业书教好，为振中华育新人。

1989年国庆于基东中心学校

悼张崇华老师挽联

八十年代，蜚声一时，堪称楷模。叹今朝，桃李满园祭三月，悲矣！哀矣！

六旬春光，耕耘数载，钦佩为人。恨此时，师生洒泪慰九泉，痛兮！伤兮！

1993年3月31日

为龙山中心学校九三届高小毕业生座谈会撰联

六载寒窗，情深似海，而今欲别来杯酒，愿同学一颗红心志四野；

七月红花，锦簇如云，此时分离在母校，祝老师两支粉笔画千秋。

1993年7月

挽龙山中心学校六（2）班杨兴友同学

1993年11月12日下午五时许，龙山中心学校六（2）班学生杨兴友在放学路上里三寨水沟边处与同学嬉戏追逐，不幸遭车祸身亡。14日身为该校校长的我组织该年级全体师生送去花圈并附挽联以表痛惜。

嬉戏相追逐，叹今朝，遭来车祸殇学友；

学习互研讨，恨此时，思忆校园失同窗。

1994年在龙山中心学校过春节自拟联

从基东到龙山，志在教坛，苦中作乐，两袖清风辞旧岁，叹世间，岁月如梭，三载光阴三声弹指；

由异乡来贵地，身居此处，忙里偷闲，一腔热血育新人，憾今朝，人事难测，万般思念万马奔腾。

1994年教师节为宣威片区教师聚庆撰联

迎接普教验收，民也忙，师也忙，集资捐款忙建校；

欣逢佳节聚庆，穷亦乐，苦亦乐，培桃育李乐耕耘。

1995年清明节为宣小师生祭扫烈士墓撰联

幸福何来，年年扫墓思烈士；

师生不忘，岁岁逢春慰英灵。

1995年为宣小纪念"'抗战胜利50周年'暨'红军长征胜利59周年'"歌咏比赛撰联

居安思危，犹记过去日寇侵中华、吞国土，残暴三光烧杀抢；

发奋图强，常怀当年红军爬雪山、过草地，抛敌数次追堵围。

悼县教研室主任郑承祚联

1996年1月3日晨，麻江县督导评估小组来我校（宣小）进行督导检查，可来到榜坡处出了车祸。县教研室主任郑承祚不幸遇难，次日吾与张义贤老师代表学校赴县局吊唁，并在花圈上书写此挽联。

领导匆匆来督导评估，不幸已于榜坡出车祸，恨汝匆匆离去，痛哉！伤哉！人未评估却作古；

吾侪忙忙备资料待查，熟知惊闻噩耗竟殉职，叹我忙忙久等，悲矣！哀矣！师别教研堪悼念。

1997年庆香港回归撰写宣小校门联

校门欲竣工，欣逢，香港归宗洗国耻；

祖国正飞腾，喜看，金瓯补缺快人心。

1997年为宣小庆祝教师节撰联

苦中作乐，两寸粉笔耕桃李；
穷则思变，三尺讲台种富强。

1998年教师节为杏山二小撰联

赖得献真情，高楼喜落成，忙忙碌碌无准备，孺子三班师八位；

转眼临佳节，杏坛论耕耘，辛辛苦苦有欢乐，粉笔两支墨一瓶。

2005年9月为乐坪小学校门撰联

阁寺虽已杳，古木尚参天，校史悠悠，承前启后培桃李；
杏坛亦犹在，回龙堪圣地，人才济济，继往开来育栋梁。

2008年春节为坝中校门撰联

千里观冰，万里观雪，此乃几十春罕状。迎新岁，迎来佳节迎奥运，万里春风吹桃李；

十年树木，百年树人，亦是十七大精神。喜盛世，喜见高科喜"嫦娥"，百年大计育栋梁。

2011年6月12日为坝中九（1）班吃毕业酒撰联

蓦然回首，三年寒窗转瞬去，情同手足，看今朝，依依惜别一杯酒；

欣然瞻望，六月中考即来临，志在囧途，话此时，脉脉分离万里程。

横批：学子于归

悼罗发春老师挽联

罗发春老师从20世纪60年代即坝芒小学创办之期开始参加教学工作。曾担任过坝芒中心学校校长，坝芒乡教育辅导站站长。退休后在家务农，并时常练习书法，创作诗歌参加乡、县比赛活动。晚年因患肺气肿，不幸于2016年4月24日离世。4月30日开悼，5月1日上山。故吾带坝芒乡诗书画文友赴悼而作此挽联：

一世辛劳，青年从教至退休，叹如今，布依杏坛失元老，悲矣！哀矣！

两袖清风，晚景弄墨作诗联，恨此时，坝芒艺苑少良师，痛哉！伤哉！

为坝芒中学新食堂落成使用撰联

寄宿补助，福祉黎民惠学子；
营养改善，壮志寒窗报党恩。

为麻江县第十一届中小学生
艺术节在坝中举办撰联

明理向善，大展才艺德为美；
筑梦腾飞，憧憬未来志当坚。

天高气爽，避暑之乡，欣喜迎来艺术节，宜人歌舞才大展；
山清水秀，凉爽坝芒，汇聚相逢奇葩花，适时书画墨芬芳。

参加麻江县禁毒宣传教育书法大赛自拟联

举国除恶国强盛；
全民禁毒民安康。

注：在2018年6月26日麻江县禁毒宣传教育书法大赛中此联荣获一等奖。

后 记

　　自参加工作以来，本人从未想过写书之事，亦不求闻达于教坛。只想尽力而为教好学生，把爱生敬业作为自己的天职。因此，许多家访记录、与学生谈心，以及回复学生的纸质书信等大量资料都很遗憾没有保存下来。如果早知今日要出书，也许那些被丢失的东西就是自己一笔宝贵的教育财富。

　　现有出书的念头，主要还是得益于原坝芒中学两位校长，一位是何忠华校长。那是在2016年5月初，学校为了迎接"麻江县第十一届中小学生艺术节活动"于本月中下旬在本校开展，故何校长安排给我的任务就是在艺术节开幕式之前要编出一本介绍坝芒乡民风民俗及民间故事之书赠送来宾与各校参会代表，旨在宣传坝芒乡布依风情之特色。于是，作为主编的我首次编书深感任务重、责任大、时间短，担心有负众望。不过，幸好也得到乐坪小学富有经验的罗雍品老师的积极配合，经过不分昼夜的加班加点，终于在5月26日艺术节举办之前成就此书——《仙人桥下的布依风情》。另一位是杨秀兴校长促使和支持我完成《坝芒中学校志》的编写。此书本来是早该流产的，因为那是2014年下半年何校长在时，应县教育局要编写的《麻江教育志》的资料报送要求，于2015年1月应运而生的。可之后不到半年，《麻江教育志》因人手问题

而停止了，此时全县各校的校志编写或校史报送也自然相继中断。再后来何校长也调走了，《坝芒中学校志》也应终止了。但接任的杨秀兴校长仍一如既往地支持此项工作，校志编写组并没有解散。虽然没有解散，但都有各自的教育教学任务和扶贫攻坚任务。因此，作为主编的我就只好利用节假日来组织大家搜集、整理资料，并独自撰写。这样断断续续历经四年多的时间，终于在2019年7月将《坝芒中学校志》付梓与师生见面。

正因为以上这两本书的编写成功，才促使我有了编写自己专著的想法。原本想在送走2020届毕业班之后再从初一跟上来，这样少有一点压力就可腾出一点时间来编写此书。谁知2020年8月下旬新学期将要开始时，由于有的原跟上来的毕业班语文教师调走了，于是校领导又把两个毕业班的语文教学工作任务交给我。因此，我又不得不把抓好毕业班教学工作放在首位，编书之事只好利用节假日时间了。

这样看来，要想在2021年上半年成书的话，我感到时间有点仓促。好多作品和稿件都只是将原来的整理编辑而已，根本没时间去字斟句酌地修改。此外，关于此书的取名也曾令我大伤脑筋。因为书中内容太杂，故初名为《从教杂记》。但后经编辑初审提出"杂记"分量不重，建议应修改一下。之后在反复推敲中又承蒙杨秀兴校长、罗雍品老师、付言文老师向我提出许多宝贵的建议，最后乃从付言文老师给的"教艺人生——罗家成的从教杂记"标题中修订为《教艺人生》。在此，我谨向他们表示衷心的感谢！

毫无疑问编写此书难以令人满意。然而，很遗憾我只工作到12月份就不得不按法定年龄退休了。时间对于我来说很有限，我必须赶在退休之前，将自己的拙作拿出来与爱戴我并已走上讲台的学子见面，与关心支持我的朋友，以及历届同仁、领导见面。这样才给自己的从教历程画上一个圆满的句号！

急于成书，故而错漏和不当之处在所难免。在此，吾亦愧对读者，唯望多多包涵矣！

罗家成

2021年3月